크리스토파노와 흑사병

이 번역은 2007년도 정부(교육부)의 재원으로 한국연구재단의 지원을 받아
수행된 연구임(NRF-2007-362-A00021)

크리스토파노와 흑사병

갈릴레오 시대, 공중위생의 역사에 관한 연구

Cristofano e la peste

카를로 M. 치폴라 지음

김정하 옮김

목차

역자 서문

　흑사병은 지난 19세기 말, 알렉산더 예신(Alexander Yersin)에 의해 발병의 주요 원인이 쥐의 몸에 기생하는 벼룩이라는 사실이 밝혀지면서 공식적인 전염병으로 간주되었다. 흑사병, 즉 피부가 검게 변하면서 죽는다는 의미에서 이 용어는 1347∼1353년 기간에 네덜란드와 스웨덴 지역의 연대기 작가들이 처음으로 언급했다. 흑사병이라는 말은 '검은 죽음'을 의미하는 라틴어 'atra mors'에서 기원한다. 1832년에는 독일인 의사, 유스투스 프리드리히 칼 헤커(Justus Friedrich Karl Hecker)가 14세기 유럽의 흑사병에 대한 자신의 글에서 흑사병이라는 용어를 인용하였으며 이를 계기로 유럽 의학계에 보편적인 전문 용어로 정착되었다.

중세에 페스트는 전염성과 사망률이 매우 높은 여러 유형의 전염병을 의미하였다. 실제로 14세기에 유라시아 대륙을 공격한 흑사병은 당시로서는 오늘날 우리가 알고 있는 흑사병이 아니라 단순히 심각한 전염병으로만 인식되고 있었다. 하지만 그 결과는 14세기 이후 유럽의 역사에 깊은 흔적을 남겼다.

당시 생존자들이 남긴 증언에 따르면 흑사병에 감염된 환자들은 겨드랑이의 임파선, 서혜부(鼠蹊部), 목 등에 염증이 생기면서 극심한 고통을 겪었다고 한다. 환자들의 피부에 창백하고 검푸른 점들이 나타나고 구토 증상과 경련을 일으켰으며 고열에 헛소리를 했다. 대부분의 환자들은 불과 며칠 만에 죽었다. 『데카메론』을 쓴 보카치오는 "이 전염병은 남녀를 가리지 않는다. 서혜부와 겨드랑이에 짙은 색의 반점들이 나타나면 불과 3일 후에 죽음에 이르렀다"고 쓴 바 있다.

14세기 유럽을 공격한 흑사병은 동방에서 기원하였다. 1320년대 몽고와 고비사막에서 시작된 이후 카스피해 북부에 위치한 대상들의 통로를 따라 볼가 강을 거쳐 흑해 지역을 통과하였다. 당시 흑해는 중세 후반 지중해 교역의

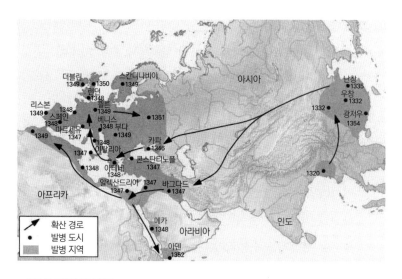

더블린
1349●●1350
스칸디나비아
●1349
아시아
난창
●1335
우창
●1332
런던
●1348
리스본
1349●
1348●
스페인
1348●
마르세유
1347
●1349
안트베르펜
1349
베니스
1348부다
●1349
1332●
광저우
●1354
●1351
●1349
1349●●●
이탈리아
1347
카파
●1346
1347●●
콘스탄티노플
1347
아테네
●1348
●1348
알렉산드리아 1347
바그다드
아프리카
1347●
1347●
1320●
메카
●1348
아라비아
인도
확산 경로
발병 도시
발병 지역
아덴
●1352

14세기 흑사병의 확산 경로

중요한 연결 지점이었기에 흑사병이 지중해 지역으로 들
어오는 것은 시간문제나 다름없었다. 1346년에는 크림 반
도에서 활동하는 제노바 상인들의 중요한 무역거점이었
던 카파(Caffa)에 도달하였다. 이후 계속해서 흑사병은 다
양한 해로를 통해 비잔틴 제국과 동방의 무슬림에게 확산
되었으며 이를 계기로 콘스탄티노플과 알렉산드리아의 주
변 항구들을 공격하였다. 그리고 같은 해 이탈리아 남부의
메시나(Messina) 항구를 통해 유럽 지중해 세계에 상륙하

였다. 그리고 메시나를 거쳐 제노바, 마르세유, 베네치아, 피사와 같은 지중해 지역의 여러 항구들에 도달한 후에는 1351년 말경 유럽의 전 지역으로 빠르게 확산되었다.

죽음은 지역과 공간(도시와 농촌 등)을 가리지 않았으며 남과 여, 노인과 젊은이, 부자와 빈자 그리고 농민과 귀족 그리고 왕을 가리지 않았다. 생존의 유일한 희망은 사람들이 집중된 지역을 벗어나 숲과 산으로 도망치는 것이었다. 하지만 이렇게 해서 전염병은 피할 수 있었을지 모르지만 생존을 보장받을 수는 없었다.

흑사병으로 인한 인명 피해는 이전 시대의 그 어떤 사례와도 비교할 수 없을 만큼 심각했다. 당시의 피해는 두 가지 측면에서 충격적이었다. 불과 3, 4년의 짧은 기간에 발생한 통제 불능의 사망률도 문제였지만 유럽 인구의 1/3 정도가 죽었다는 사실도 생존자들의 입장에서는 감당하기 힘든 것이었다. 뿐만 아니라 그 피해의 정도는 15세기 중반 이후에 이르러 흑사병 확산 이전의 인구수가 회복되었다는 사실을 통해 짐작할 수 있다.

14세기 유럽을 공포에 몰아넣었던 흑사병은 단발성의 전염병이 아니었다. 이후에도 18세기에 이르는 400년 동안 유럽을 주기적으로 위협하였다.

이 책은 1630년대 이탈리아 북부와 피렌체 대공국을 강타한 흑사병을 배경으로 프라토 자치도시가 직면했던 비극적인 경험을 연구한 역사가 카를로 M. 치폴라(Carlo M. Cipolla)의 『크리스토파노와 흑사병』을 번역한 것이다.

저자의 연구는 프라토 국립기록물보존소에 현존하는 해당 시대의 역사기록물에 대한 열람과 판독 작업의 결과였다고 해도 과언이 아니다. 1630년대 프라토가 경험했던 끔찍한 죽음의 공포와 이를 극복하기 위한 자치도시 당국의 필사적인 노력은 당시의 공적이고 사적인 활동의 모든 기록물을 통해 사료로 남아 있었기에 오늘날로 환원될 수 있었다. 이러한 사실은 치폴라의 본 저술이 미시사 연구의 또 다른 사례로 평가되는 이유이기도 하다.

치폴라의 이 책은 오늘날 미시사의 역사 연구 방법론으로 정립된 유럽 기록물관리의 연구 전통을 대변한다. 카를로 긴즈부르그의 『치즈와 구더기』, 『밤의 역사(Storia notturna)』(출판 예정) 등으로 상징되는 미시사 연구는 역사 연구의 흐름, 즉 미세한 흐름까지 실마리 찾기의 기법으로 세심하게 추적하여, 오늘날의 스토리텔링에 비견되는 미시적 사실들의 연속성을 보여준다. 역사기록물에 남아 있는 과거의 촘촘한 줄거리를 재구성한다는 의미에서 미시사 연구의 핵심적인 기반은 역사기록물관리의 전통에 있다.

카를로 M. 치폴라의 『크리스토파노와 흑사병』은 보통의 저술들과는 다른 목차로 집필되었다. 즉 저자 서문이 없고 목차의 구성 역시 매우 간단하다. 연구를 위한 분석보다는 무언가에 대한 기술에 역점을 두려는 저자의 의도가 그대로 드러난다.

이러한 특이한 목차의 연구서가 나올 수 있었던 것은 프라토 국립기록물보존소(Archivio di Stato di Prato)와 피렌체 국립기록물보존소에 소장된 수많은 관련 역사기록물에 대한 직·간접적인 접근이 가능했기 때문이다. 중세를 연구하는 역사학자들의 경우 필사본의 형태로 남아 있거나 당대의 필기체 소문자 필체로 기록된 역사기록물에 대한 고문서학적이고 고서체학적인 전문지식은 필수적이다. 카를로 M. 치폴라는 기록물관리 전문가이자 고문서 학자였으며 여러 시대의 고서체들을 별다른 어려움 없이 읽고 판독할 줄 아는 전문가였다.

17세기 초반의 프라토는 두 세기 전 유럽의 대상인이었던 프란체스코 디마르코 다티니(Francesco di Marco Datini)가 막대한 부와 풍요로움을 누리던 번영의 도시가 더 이상 아니었다. 이미 오래전의 추억이었으며 근대적이었다고 평가되던 직물 산업의 흔적도 남아 있지 않았다. 1596년 이 도시를 방문한 영국인 여행가 로비트 딜링톤의 말처럼

흑사병 기간에 환자들의 치료에 사용되었던 프라토 자치도시의 성 안나(Sant'Anna) 수도원

도시 전체는 몰락의 그늘 속에서 빈곤에 허덕이고 있었다.

프라토에 흑사병이 확산된 것은 1629년 10월 말이었다. 같은 해 26일, 피렌체 대공국의 공문에 따르면 코모 호수의 북쪽 지역에 출현한 흑사병이 불과 5일 만에 밀라노에 도달하였다. 당시 피렌체 대공국의 지배를 받고 있던 프라토에서는 반도의 중북부 지역에 위치하고 있었던 만큼 흑사병에 대한 감찰 활동과 더불어 평상시의 모든 행사들을 금지하는 조치가 내려졌다. 1630년 5월, 볼로냐의 흑사병 확산과 더불어 반도 북부 지역의 사태가 심각하다는 우려와 함께 프라토에도 주민들의 통행을 금지하는 조치와 더불어 도시의 모든 주민들에게 예외 없이 적용되는 보건통행증의 발급이 시작되었다.

하지만 당시의 주민들은 14세기 중반의 경우처럼, 이번에도 흑사병 확산의 주요 경로나 원인에 대해 아무런 지식도 가지고 있지 않았다. 전염자나 전염이 의심되는 자들을 집안에 격리시키는 것이 유일한 예방 조치였다. 치료는 사실상 전무한 상태였다. 단지 보건위원의 수를 늘리는 것밖에는 아무런 조치도 할 수 없었다. 당시 보건위원으로 활동한 크리스토파노 디 줄리오 체피니(Cristofano di Giulio

Ceffini)의 저술인 『보건서(Libro della Sanitá)』에 의하면 당시 보건소에서 할 수 있는 조치는 기도와 근면한 근무, 오염된 곳에 유황가루를 뿌리거나 향으로 소독하는 것, 환자들을 신속하게 격리시키는 것, 전염이 의심되는 주택을 적어도 22일 간 격리시켜 전염을 최대한 차단하는 것이 유일했다. 하지만 이러한 조치는 의사들 없이도 할 수 있는, 그리고 해야만 하는 유일한 조치에 불과했다.

1630년 7~8월, 프라토의 사망률이 가장 높았을 당시 자치도시의 보건소는 환자들의 격리조치와 이를 위한 위생시설을 마련하는 조치를 단행하였다. 당시 프라토에는 다른 도시들의 상황과 마찬가지로, 흑사병에 대적할 충분한 의료시설이나 인력도 없었으며 충분한 예산 지원도 받지 못하고 있었다. 프라토 보건소 관리들의 기술적 지식에는 한계가 있었다. 하지만 이들은 목숨을 무릅쓰고 전염병 예방과 이를 위한 모든 조치를 마련하는 데 있어 필사적이었다.

저자인 치폴라가 주목한 인물인 크리스토파노는 당시 모든 것이 부족한 열악한 환경에서 나름의 치열한 노력으로 흑사병에 맞서 노력했던, 영웅적인 프라토 보건위원들 중 한 명이었다.

흑사병을 퇴치하려는 프라토 당국의 노력은 모든 조
치들을 무시한 채 격리시설에서 자의적으로 외출하고 돌
아오는 회복기 환자들로 인해 큰 성과를 거두지 못하였다.
또한 보건 예산을 최소한으로 지원하거나 필요한 물품들
의 공급을 저해하는 이기적인 조치들은 흑사병의 기세가
장기간 지속되는 원인이기도 했다. 당시에는 흑사병과 같
이 사망률이 매우 높은 질병에 대처하는 데 한계가 있었
다. 그러나 오늘날과 마찬가지로, 무지보다 더 심각한 것
은 위기의 순간에도 예외의 특권을 누리는 자들의 행동이
었다.

역사가 카를로 M. 치폴라는 중세 경제사 연구의 대
가이다. 출간된 많은 저술들이 보여주듯이, 치폴라의 역
사 연구는 연구실보다는 기록물보존소의 열람실에서 이
루어졌다. 우리나라에도 이미 그의『대포, 범선, 제국』,『중
세 유럽의 상인들』이 번역되어 있는데『산업화 이전 시대
유럽의 경제사』를 비롯한 많은 연구가 역사기록물에 대한
판독에 철저하게 근거하는 이탈리아의 미시사적 연구 전
통에 따라 출간되었다.

역자가 치폴라의 저술들 중 가장 좋아하는 책은 포켓용의 작은 판본으로 출간된 『즐겁게 그러나 지나치지 않게(*Allegro ma non troppo*)』(김정하 옮김, 북코리아, 2007)이다. 이 책은 역사서가 아니다. 역사를 평생 동안 연구한 노년의 학자가 오랜 연구의 여정 끝에 "결국은 인간이다"라는 자신의 마지막 소신을 증언하는 '지적 고백'이다.

이 책의 분량이 많지 않은 데에는 최소한의 표현으로 최대한의 내용을 표현한 저자의 의도가 반영되어 있을 것이다. 이 책을 번역하면서 역자의 이탈리아 유학 시절, 박사학위 논문을 위해 기록물보존소에서 중세 문서들을 열람하고 판독하던 기억을 떠올리게 해 준 치폴라에게 감사의 마음을 전한다. 아울러 어려운 출판 환경에서도 기꺼이 책을 출판해준 정한책방의 천정한 대표에게도 감사의 마음을 전한다.

이 책의 출판으로 말미암아 저자 치폴라와 두 번째 출간의 인연을 이어간다. 학자들은 그들이 쓴 저술을 통해 대화한다. 비록 고인이기는 하지만 치폴라의 저술에는 생전에 그가 품었던 지성의 향기가 남아 있다. 바람결에 쉬

이 사라지는 인공 향수가 아니다. 지성의 향수는 죽은 후에도 그의 이름을 기억하는 자의 추억을 통해 유지되지 않던가.

호마가 북풍을 그리워하듯
사랑하는 딸 지연이를 기억하며

금정산 기슭에서
김정하

1
흑사병에 직면한 자치도시

1594년 봄, 영국인 여행자 모리슨(Moryson)이 토스카나 주를 방문하였다. 그는 피렌체를 떠나 피사로 "도보여행을 하면서 서로 가까운 거리에 있는 주변의 많은 도시들을 방문하기로 결심하였다. 도보여행은 아름다운 경치를 즐길 수 있는 만큼 꽤 행복한 경험이 되리라 생각했다."

여행 첫날, 모리슨은 카스텔 프라토(Castel Prato)를 방문했다. 그는 훗날 자신의 회고록에서 "이 아름답고 성벽으로 둘러싸인 도시는 둥근 형태이며 입구에 들어서면 시장이 열리는 거대한 광장이 있는데, 이곳에는 대리석으로 건축된 아름다운 대성당이 자리하고 있다"[1]고 회상하였다. 2년 후, 또 다른 영국인 여행자 로버트 달링톤(Robert Dallington)은 토스카나 주를 방문한 후에 다음과 같이 말했다.

이탈리아에는, 정확한 숫자는 알 수 없지만, 레안드로 알베르티가 말한 것처럼 네 개의 가장 잘 알려진 성채(城砦) 도시가 있는데, 이들은 풀리아 주의 바를레타(Barletta in Puglia), 마라카 안코니타나(Marca Anconitana)에 있는 파브리아나(Fabriana), 롬바르디아 주에 있는 크레마(Crema), 그리고 토스카나의 프라토(Prato)이다. 이들은 성채 도시로 불리지만 단순한 군사요새가 아니라 거대한 성벽과 망루를 갖춘 도시이며 주변의 영토를 지배하고 있다. 단지 주교구가 없다는 이유로 도시와 구별될 뿐이다.[2]

프라토는 피렌체에서 북서쪽으로 20여 킬로미터 떨어져 있다. 아펜니노 산맥의 북동쪽에 위치한 사랑스런 몬탈바노 언덕에서 바라보면 서쪽을 향해 펼쳐진 평야에 건설되었다. 이 지역에는 포도나무와 뽕나무, 사이프러스, 느릅나무 그리고 로즈마리가 자연과 조화를 이루며 자라고 있다.[3]

영국인에게 이 계곡은 공들여 가꾼 거대한 정원이나 다름없었다.

굴곡진 지형 때문에 마치 계곡처럼 보이는 이 평야의 작지만 많은 수의 농지들에는 정성들여 키운 여러 종류의 과실수들이 자라고 있다. 나는 다른 영국인 여행자와 함께 눈부시게 아름답고 거대한 주변 풍경을 감상하기 위해 가파른 언덕의 정상에 위치한 프라토 성채에 올랐다. 대공(Gran

Duca)의 포지오(Poggio) 저택 주변에 펼쳐진 목초지를 제외하면, 작은 크기의 농지는 찾아보기 힘들다. 흙과 포도나무의 푸른 잎들은 함께 잘 어울리면서 마치 장기판을 연상시키고 있었다.[4]

정치적이고 행정석인 관점에서 볼 때, 프라토는 토스카나 공국에 속하였다. 프라토는 자치도시 위원들(Priori)과 행정장관(Gonfaloniere)들로 구성된 통치위원회에 의해 통치되고 있었으며 도시의 집정관(Podestà)은 대공의 권력을 대표하였다. 지역행정은 중앙 정부에 의해 엄격하게 통제되고 있었다. 프라토 주변의 마을들 역시 대공의 권위에 복종하고 충성하였다.

17세기 초반, 프라토의 성채 내에는 6,000명 정도가 거주한 반면, 법적 권한이 미치는 주변 지역에는 11,000여 명이 살고 있었다.[5] 이 도시는 직물산업이 발전한 관계로 많은 직물을 수출하고 있었다. 15세기에는 일명 '프라토의 상인'으로 알려진 프란체스코 디 마르코 다티니(Francesco di Marco Datini)가 운영하는 무역회사가 이 도시와 함께 번영하였다. 그러나 17세기 초반에 프란체스코 다티니의 무역회사는 이미 오래 전에 사라지고 없었으며 근대적인 직물산업은 요원한 상태였다. 1596년 프라토를 방문한 로버트 딜링톤은 이 도시 전체가 빈곤에 허덕이고 있었다고 회고하였다.[6]

이 책의 제2부에 수록된 자료들은 당시 달링톤의 소감이 무엇이었는지를 잘 보여준다.[7] 대부분의 주민들은 저급한 생활수준에 머물고 있었다. 물론 부자들이 없지는 않았지만 토스카나 주의 경우 부자들은 '절약과 검소한 생활'로 유명하였다.[8]

흑사병의 위험에 대한 첫 번째 공식적인 소식이 프라토에 알려진 것은 1629년 10월 말이었다. 피렌체의 보건소 관리들은 26일자 공문에서 지역행정 담당자들에게 보건통제를 위한 조치를 주문하였다. 코모 호수의 북쪽 지역에서 흑사병이 발생했다는 소식은 불과 5일 만에 밀라노에 전해졌다.[9] 피렌체 보건 당국의 조치는 이보다 더 신속할 수 없었을 것이다.

피렌체에서 보내온 공문서신을 접수한 프라토의 통치위원회는 10월 27일, 4명의 시민을 보건위원으로 임명하였다. 보건위원들은 공중위생에 직간접적으로 관련된 모

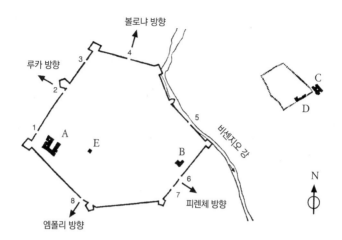

볼로냐 방향

루카 방향

비센지오 강

피렌체 방향

엠폴리 방향

N

16세기 프라토의 지도

A 미세리코르디아 병원
B 산 실베스트로 병원
C 성 안나 수도원
D 카사 델 포데르 무라토
E 카사 델라 벤 콤파니아 델 필레그리노

성문: 1. 산 파올로 성문
2. 피스토이에세 성문
3. 산 파비아노 성문
4. 델 세랄리오 성문
5. 메르카탈레 성문
6. 피오렌티나 성문
7. 델 소코르소 성문
8. 산타 트리니타 성문.

든 공무를 수행하였다. 이들의 임무 중에는 감찰활동도 포
함되어 있었다.[10] 백신에 대한 지식이 전무하였던 관계로
기도와 종교의식, 출입과 통행을 금지하는 차단선을 설치
하는 것이 이들이 취할 수 있는 유일한 예방조치였다. 차

단선은 겹으로 설치되는 것이 보통이었다. 하나는 영토의 경계지역과 산악지역의 통로들과 개울가에, 다른 하나는 도시의 성문들에 설치되었다. 11월 1일, 프라토의 관리들은 피렌체 대공국의 중앙정부에 10월 26일의 조치를 모두 이행했다는 사실을 통보하였다.[11] 12월 27일, 날씨가 추워지자, 도시의 관리들은 8개의 성문 중 세 곳에 감찰위원들의 배치를 지시하고 이들에게 화로를 제공하였다.[12] 장작 배급량은 많지 않았지만, 당시 사람들은 힘든 삶에 익숙해 있었다. 이렇게 겨울은 지나가고 있었다.

1630년 5월, 북쪽 지역에서 전해진 소식은 많은 우려를 낳았다. 볼로냐에 흑사병이 퍼진 것이다. 피렌체 보건부 책임자는 거주 지역에서 밖으로 나가는 모든 주민들에게 보건통행증 발급을 강제하였다. 통행증이 없는 자는 공국의 영내로 들어올 수 없도록 하였다. 5월 14일, 피렌체 중앙정부는 프라토의 관리들에게 통행증 발급을 지시하였다. 이틀 후 지시는 이행되었다.[13] 볼로냐에서는 심각한 상황이 벌어지고 있었다. 6월 12일, 피렌체 중앙정부는 대공국의 북쪽 경계지역에 군인들을 급하게 파견하여 3마일마다 초소를 설치하였다.[14] 다음 날 볼로냐 자치정부는 공고문을 붙여 상품이나 서신의 왕래를 차단하고 통행증을 가진 주민들에게도 출입을 금지하였다.[15] 16일에는 국경 지역에 거주하는 모든 주민에게 주의경보를 발령하여 외부인이 초소가 없는 지역을 통과하는 것을 보면 "함께 소리를 지르거나 경계의 종을 울리고 위반자들을 잡아두거나 감금할 것을 지시하였다."[16] 이후 불안감이 극도로 확산되었다. 피렌체 보건 당국의 관리들은 성문초소의 감찰위원을 보강하고 이들에 대한 봉급을 올려주었다. 6월 22일의 경우[17], 피렌체 보건 당국은 대공국의 영토 내에 위치한 도시들의 보건소 관리들에게 통행증 발급을 가급적 자제할 것을 지시하였다.[18] 7월 1일, 대공은 친위대 소속의 경기병 30명을 국경 지역의 경계 강화를 위해 파견하였다.[19] 7월 6일, 피렌체 보건 당국은 지방의 관리들에게 교단과 상관없이 수도승들의 이동을 금지시키도록 하였다.[20] 7월 10일, 주민들의 출입이 빈번한 성문 세 곳(메르카탈레 성문, 피오렌티나 성문, 피스토이아 성문)을 차단하고 쪽문을 설치하도록 하였다.[21] 당시로서는 더 이상 할 수 있는 것이 없었다. 모든 노력이 허사였다.

보건 경계선의 설정은 필요한 조치였지만 별 소용이

없었으며 무엇이 병을 옮기는지 전혀 모르는 상황에서 무지한 감찰위원들은 동물 숙주에 대해 신경을 쓰지 않았다.

보건위원들의 예방조치는 흑사병의 확산을 막아내지 못했다. 7월에 흑사병은 볼로냐로 통하는 피렌체 북쪽 지역에 있는 마을인 트레스피아노(Prespiano)에 확산되었다.[22] 8월에 흑사병은 피렌체를 점령한 후[23] 프라토의 사법권 관할인 작은 마을 타볼라(Tavola)를 공격하였다.[25] 트레스피아노와 타볼라는 고립되었고 피렌체에서는 수많은 집들을 대상으로 검역이 실시되었다.

참혹한 현실을 인정하는 것은 쉽지 않았다. 피렌체의 의사들은 페스트에 대한 논의를 시작했으며 보건위원들은 처방전을 제시하였다. 하지만 이조차 자신들과 다른 사람들을 속이는 것에 불과했다.[26] 공포의 창백한 진실은 점차 구체적으로 드러나고 있었다.

1630년 7~8월에 프라토 시민들의 사망률은 평소보다 상당히 높았으며 9월에는 사인이 의심스러운 죽음과 병의 여러 사례들이 발생하였다.[27] 하지만 외과를 포함한 여러 분야의 의사들은 확실한 처방을 내리지 못하고 있었으며 행정 역시 흑사병에 대한 공식적인 발표가 동반할 경제적인 결과로 인해 발표를 주저하고 있었다. 하지만 더 이상 손을 놓고 있을 수는 없었다.

1630년 8월 3일, 프라토의 통치위원회는 보건위원의 수를 4명에서 8명으로 늘리기로 결정하였다.[28] 이어 한 달 이 지난 후 프라토의 보건소 관리들은 피렌체 보건 당국에 서신을 보내 예방차원에서 환자의 격리를 위한 병원의 설치를 요청하였다. 발상은 좋았다. 하지만 피렌체 보건 당국은 공국 전체가 혼란에 빠지거나 다른 국가들이 토스카나 공국에 대한 경계령을 내리는 것을 우려한 나머지 요청을 받아들이지 않았다. 피렌체는 지리적으로 가까이 있었기 때문에 많은 도움을 줄 수 있었을 것이다. 또한 최근에 내린 비로 공기가 깨끗해졌기 때문에 좋은 징조라는 견해가 지배적이었다.[29]

하지만 낙관적인 예상에는 아무런 근거도 없었다. 프라토의 미세리코르디아 병원에서 간호사로 일하면서 병이 의심되는 환자들을 돌보던 니콜로 바르다치(Nicolò Bardazzi)가 9월 16일 병에 걸리더니 급기야 19일에 사망하였다. 의사들은 흑사병이라고 확신하였다. 당일, 프라토의 관리들은 이 사실을 피렌체의 보건 당국에 즉시 통보하였다.[30] 그 다음날인 9월 20일, 피렌체의 관리들은 지침을 신속하게 하달하였다. 지침은 조금의 오해도 발생하지 않도록 상당히 상세하게 작성되었으며 신속하고 효율적으로 대처할 것을 주문하였다.

프라토 관리들은 사망한 발병자의 가족을 그의 집에서 나오지 못하게 하고 발병자와 사망인이 사용하던 물품들은 다른 곳에 격리시켜야 한다. 집의 대문은 열어두도록 하라. 사망자의 가족에게는 창문을 통해 생필품을 공급하라. 그리고 그 집에서 아무도 나오지 않도록 감시를 철저히 하라. 발병인 또는 사망인의 가족에 필요한 생활비는 하루에 1줄리오(giulio)로 한다. 재무관리인 카메라리우스는 수고하는 보건위원들에게 봉급을 지급하라. 이 모든 것은 신속하게 처리하라. 그리고 보고서를 올리도록 하라.[31]

하지만 상황은 상당히 심각하게 전개되었다. 1630년 10월 2일에 쓴 보고서에서 프라토의 보건소는 피렌체의 관리들에게 흑사병이 프라토에 만연하고 있다는 사실을 언급하였다.[32]

흑사병을 물리치기 위한 첫 번째 시도는 수포로 돌아갔다. 무자비하고 보이지 않는 적은 이미 도시의 내부로 침투하여 가차 없이 주민들을 죽이고 있었다. 사람들은 신의 도움을 간절히 바라고 있었다. 시 당국은 사람들이 한 곳에 모이는 것이 얼마나 위험천만한 것인지 잘 알고 있음에도 10월 8일과 18일 그리고 11월에 한 차례의 종교의식을 승인해야만 하였다. 하지만 보건위원들은 하느님과 천상의 모든 도움을 간절하게 바라면서도 다른 한편으로는 단호하면서도 구체적인 조치를 마련하였다.

프라토에는 두 개의 병원이 있었다. 미세리코르디아 병원과 산 실베스트로 병원이 그것이었다. 두 병원은 일률적으로 시 행정 차원에서 관리되고 있었다. 두 병원의 책임자는 대공이 직접 임명하였으며 임기는 3년이었고 연임이 가능하였다. 두 병원은 시민들로부터 토지를 비롯한 부동산을 기증받고 있던 관계로 이를 통해 운영예산을 충당하였다. 예산상황은 사실상 농산물의 영향에 민감하였다. 1630년대 평년의 경우 연간 수입은 5,500~7,500 두카토에 이르렀다.[33]

병원들은 환자들도 수용하였지만, 이것이 주된 임무

는 아니었다. 중세 기원의 전통에 따르면 프라토의 병원들은 유럽의 많은 병원들과 마찬가지로, 병자를 돌보는 특별한 일 보다는 자선을 베푸는 데 더 열중하고 있었다.

1631년 7월 1일과 1632년 6월 30일 사이에 프라토의 두 병원은 292명의 환자를 수용하였다. 환자들이 머문 기간은 총 3,692일인데, 이는 환자 1명이 평균 13일 동안 병원에 머물렀다는 것을 의미한다. 같은 기간에 미세리코르디아 병원은 같은 해의 365일 동안 182명의 버려진 아이들을 수용하였는데 이를 일수로 계산하면 총 66,430일에 해당한다. 그 이외에도 총 100명의 신생아를 돌보고 있었다.[34] 이러한 단순한 수치는 두 병원의 예산 대부분이 주로 버려진 아이들을 돌보는 데 사용되었다는 것을 말해준다.

규정상 프라토에서는 외과를 포함한 여러 분야의 의사들이 의료서비스를 제공하고 있었다. 1630년 9월의 한 보고서에 따르면[35], 프라토에는 두 명의 외상치료 의사와 두 명의 개업전문의가 있었다. 하지만 후자의 경우 한 명은 전문의 자격증을 획득하였을 뿐 의료 활동은 하지 않았다. 그 외에도 이발과 간단한 외과치료를 병행하는 두 명의 외과의사와 개인적으로 전문적인 의료행위를 하는 다른 한 명이 있었다. 결론적으로 모두 7명의 의사가 17,000 명의 주민을 상대하고 있었던 것이다. 당시로서는 상당히 높은 수치에 해당하였다. 많은 수의 의사가 있다면 이는 주민들의 건강에 매우 유익한 것이 사실이다. 하지만 이 논리가 프라토의 경우에 적용 가능한지는 의문이었다.

흑사병이 프라토에 확산되었을 때 도시의 보건체계는 인력과 자원을 보강하는 방향으로 재조직되어야 했다. 10월 2일, 프라토의 보건소는 도시 전체에 이미 흑사병이 확산되었다는 사실을 피렌체 보건 당국에 통보하였다. 그리고 같은 날 두 병원 중 한 곳을 환자 격리를 위한 병원으로 결정하였다. 미세리코르디아 병원은 아이들을 돌보고 있었기에 도시 보건소는 산 실베스트로 병원을 환자들의 격리용 시설로 사용하였다. 그리고 미세리코르디아 병원은 산 실베스트로 병원에 식량, 의약품, 땔감, 침상 그리고 환자의 격리에 필요한 모든 물품과 장비 등 각종 물자를 제공하였다. 반면 도시는 근무자들의 봉급을 지원하였다.[36] 도시의 관리들은 격리용 시설에서 근무할 고해신부, 외과의사 그리고 여러 명의 보조인력을 선발하였다. 또한 시체를 매장하는 인부, 경비원, 전령, 집에 격리된 사람들에게 생필품을 전달하는 인부 그리고 미세리코르디아 병원에서 산 실베스트로 병원으로 지원물자를 수송하는 인부를 확보하였다.[37] 개업의사, 외과의사, 보건위원들에게 통행증을 발급히는 부서기관(Vicecancelliere), 시체를 매장하는 인부와 감찰위원과 보조원들 등 이들은 작은 규모의 군대와 같았으며 프라토에서 보건위원들의 지시에 따라 흑사병을 물리치는 역할을 수행하였는데, 그 수는 대략 25명 정도였다.[38]

의사들의 사회적 신분은 높은 편이었다. 반면 외과 의사들은 신분이 낮은 사람들이었다. 시간이 흐르자 도시 성문을 지키는 자들이 감옥에 투옥되었다.[39] 그 이유는 이들의 행동이 지극히 태만하였기 때문이다. 시체를 매장하는 인부들은 별로 좋은 사람들이 아니었으며 이름을 통해서도 이들이 족보도 없는 천박한 자들이라는 것을 알 수 있었다.[40] 어느 날 한 죄수가 인력이 부족한 탓에 시체를 매장하는 일을 하였다.[41] 이 인물은 보건위원들이 흑사병에 맞서 지휘하는 군대의 일원이었다. 비록 작은 군대이지만 구성원들의 성분은 의사와 사기꾼, 신부와 죄수 등 다양하였다.

보건위원들은 어떤 사람들이었을까? 이들은 행정 경험을 가지고 있는 토박이들 중에서 선발되었다. 1630년 9월, 피오렌추올라(Fiorenzuola) 자치도시는 지역 관리들을 선발한 후에 피렌체 보건 당국에 이들이 "모두 이 지역의 부유한 토박이들로서 집안의 가장으로 부인과 자식이 있고 이 성에 상주하는 인물들이라고 소개하였다."

　　밀라노, 크레모나, 토리노 그리고 팔레르모에서 의사들은 보건소에 속해 있었다. 하지만 이것은 예외적인 것이었다. 일반적으로 보건소 관리들은 의사로서의 전문성을 가지고 있지 않았다. 의료행위와 거리가 먼 사람들이 보건소에서 근무하고 있었다는 사실은 뜻밖이었다. 하지만 그리 어리석은 것만은 아니었다. 대도시들의 경우 보건소는 의사협회(Collegio dei Medici)에서 필요한 기술적 자문을 받을 수 있었고 작은 도시들에서는 문제가 발생하는 경우 이를 수도의 보건소에 알리고 지침을 받고 있었다. 이들이 담당하는 일의 대부분은 규정을 마련하고 사람들의 모임을 해산시키고, 격리병원들의 조직과 행정 그리고 소통을 차단하는 것이었다. 이 모든 일에는 의료적 지식보다는 행정적인 지식이 필요하였다.

줄리오 케피니의 크리스토파노(Cristofano di Giulio Ceffini)는 프라토 보건소 관리들 중 한 사람으로서『보건서 (*Libro della Sanità*)』를 집필하였다. 그는 이 책에서 보건소 직원들이 흑사병의 경우 반드시 해야 하는 역할들의 목록을 제시하였다.

전염을 막기 위해서는 가장 먼저 하나님의 자비, 성모와 모든 성인들의 복을 구해야 하며 이후에는 다음의 일들을 근면하게 수행해야 한다.
1) 죽은 자나 병든 자가 머물던 집이나 방에 유황 가루를 뿌리거나 향으로 소독을 한다.
2) 건강한 자들과 병든 자들을 신속하게 격리시킨다.
3) 죽은 자나 병든 자가 사용하던 물품들은 즉시 소각한다.
4) 전염에 노출된 집들은 적어도 22일간 폐쇄하고 이렇게 해서 병이 다른 곳으로 전염되지 않도록 한다.
5) 상업활동을 금지한다.[42]

적절한 조치들이었다. 이를 위해 굳이 의사들이 동원될 필요는 없었다. 검역기간을 22일로 설정한 것과 같은 기술적인 사항은 피렌체 보건 당국의 지침들에서 유래된 것이었다.[43] 당시의 의료분야에서는 검역기간을 22일로 제한하는 것에 대한 논쟁이 오래 동안 지속되었다. 하지만 크리스토파노는 이러한 논쟁에 대해 잘 모르고 있었던 것 같다.

보건소 관리들의 기술적 지식에는 한계가 있었다. 그럼에도 이들이 담당하는 업무와 책임감은 흑사병의 공포에 참혹하게 노출된 도시의 경우, 그 어느 때보다 막중하였다. 프라토의 집정관이 피렌체에 보고한 내용을 보면, 그는 자신의 집무실에서 지역공동체의 관리들과 매일 같이 회동하면서 때로는 늦은 밤까지 많은 문제들과 어려움에 대해 논의하였다.[44] 주민들은 시당국의 지시와 통제에 따르지 않았다. 환자들이 격리조치를 지키지 않자 격리병원에는 경비인력을 배치해야만 하였다.[45] 감옥에도 흑사병이 퍼졌다.[46] 도시의 성문들에 대한 경비 활동조차도 효율적이지 못했다. 이에 따라 11월 14일에는 피렌체 보건 당국의 지시로, 특별 경비대를 설치한 메르카탈레 성문과 피스토이아 성문을 제외한 다른 모든 성문을 폐쇄하는 조치가 내려졌다.[47] 11월 23일, 흑사병은 콘타도로 불리는 도시의 주변 지역으로도 확산되었다.[48] 이로써 전염병 확산은 새로운 국면을 맞이하였다. 얼마 후 피스토이아, 피렌체 그리고 토스카나의 다른 도시들은 프라토와의 모든 관계를 차단하였다.[49] 그 결과 프라토에서는 생필품 부족 현상이 나타나기 시작하였다.[50] 전염이 빠르게 전파되자 시신을 매장하는 인부와 병원 조무사들이 더 필요하게 되었다. 하지만 흑사병은 이들에게도 예외는 아니었다. 관리들은 새로운 대체 인력을 찾는 데 고심하였으며 더 많은 봉급에 대한 요구를 받아들여야만 하였다.[51]

외과의사들 또는 외과 치료에 경험이 있는 자들의 경우에는 더 심각한 문제가 발생하였다. 이미 살펴보았듯이, 흑사병이 확산되었을 당시 프라토에는 세 명의 외과의사들이 있었다. 이들은 그라미냐(Gramigna)와 체파렐리(Ceparelli) 그리고 티부르치오(Tiburzio)였다. 후자의 인물은 산 실베스트로 격리병원에 소집되었다.[52] 10월 13일, 그라미냐가 사망하였다.[53] 11월 1일에는 티부르치오도 운명을 같이 하였다.[54] 이제 의사는 체파렐리가 유일하였다. 하지만 그는 더 이상 흑사병에 맞서 의료행위를 할 수 없음을 토로하였다. 그는 늙은 몸을 이끌고 그동안 도시의 주민들을 위해 많은 봉사를 하였다. 관리들은 늙은 의사의 뜻을 존중하였다.[55] 11월 초, 그도 병에 걸렸다.[56] 하지만 그가 회복되었는지는 확실하지 않다.[57] 알려진 유일한 사실은 이후에도 시정부를 위한 의료봉사를 계속해서 거부하였다는 것이다. 결국 프라토에는 격리병원을 위한 의사가 한 명도 없게 되었다. 10월 8일부터, 즉 그라미냐가 병으로 쓰러져 사경을 헤맬 때부터 프라토 시정부 관리들은 피렌체에 외과의사 한 명을 보내줄 것을 요청하였다.[58]이러한 요청은 11월 5일 티부르치오가 죽고 체파렐리가 병으로 쓰러진 직후 다시 한 번 반복되었다.[59] 하지만 피렌체 보건당국은 도움을 줄 수 없음을 다음과 같이 통보하였다.

외과 의사를 보내드리지 못한다는 말을 전하게 되어 매우 유감입니다. 우리에게도 외과 의사가 절대적으로 부족한 상황입니다. 외과 의사를 구하려고 백방으로 노력했지만 대공국의 모든 지역에 충분한 의료전문가를 파견하는 것은 불가능한 상황입니다. 하지만 어떻게 해서든, 어디서든지 이에 필요한 인력을 구하려고 노력하기 바랍니다.[60]

피렌체의 답장에 담긴 격려는 프라토 시정부 관리들의 사기를 유지하고 진작시키기 위한 심리적인 노력에 불과했다. 토스카나 대공국 전체의 상황을 관리하는 피렌체의 보건 당국이 한 명의 외과의사조차도 구할 수 없었다면 사실상 흑사병에 포위된 상태나 다름없는 프라토의 상황은 오죽했겠는가? 상황의 심각성을 이해하기 위해서는 당시 치료가 아무런 효과도 없었으며, 의사들이 임파선 염증으로 부풀어 오른 혹을 칼로 찔러 고름을 빼내는 것으로 통증을 완화시켜주고 이렇게 해서 혹시나 환자가 병마에서 살아남을 수 있기를 바라는 것 외에는 아무것도 할 수 없었다는 사실을 기억할 필요가 있다. 당시 프라토의 격리병원에서는 흑사병에 전염된 자들에게 '무자비한 행위'로 알려진 외과치료가 행해지지 않았다.

격리병원의 상황은 프라토의 보건위원들에게 가장 심각한 문제였다.

시간이 흘러 흑사병이 도시의 전 지역으로 확산되면서, 도시 내에 격리병원을 설치한 것이 가장 심각한 실수였다는 사실이 밝혀졌다. 경비병들의 노력에도 불구하고 환자들을 완전히 격리시키는 것은 불가능하였다. 환자들이 아무도 몰래 밖으로 빠져나가는 일이 발생하였다. 게다가 이들 중에는 다시 몰래 들어오는 환자도 있었다. 격리병원을 도시 성곽 밖으로 옮겼다면 그곳은 어디였을까? 피렌체 보건 당국은 프라토에 외과의사 코베리(Coveri)를 파견하였다. 하지만 상황은 코베리가 오면서 더욱 복잡해졌다. 프라토의 관리들과 코베리는 전혀 합의에 이르지 못했다. 프라토 자치도시의 관리들에 따르면 격리병원을 옮겨 갈 최적의 장소는 프라토에서 반 마일 정도 떨어진 산 안나 수도원이었다.(13쪽 그림 참조)

하지만 코베리는 이 수도원의 2층에 있는 방들의 습도가 높다는 이유를 들어 난색을 표명하였다. 코베리는 팔코(Palco)라는 시설이 좋겠다고 하였다. 이곳에는 프란체스코 교단의 신부들이 머물고 있었다. 그리고 코베리는 요양병원의 환자들을 위해 피렌체의 고리(Gori) 가문이 소유한 한 빌라를 구입할 것을 주장했다. 프라토의 관리들은 빌라를 징발하는 것에 대해서는 대체적으로 동의하였지만 팔코의 선택에 대해서는 이견을 좁히지 못했다. 팔코가 위치한 지역이 도시에서 너무 멀리 떨어져 있고 길이 상당히 험한 것이 사실이었다. 프라토의 집정관은 프라토의 통치위원회 위원들과 의견을 같이 하였다. 그는 피렌체에 공문을 보내 "올해처럼 춥고 물도 구하기 힘든 겨울에 이곳에 환자들을 보낸다면 건강한 사람도 죽을 판인데, 환자들은 오죽하겠느냐"[61]는 답답함을 토로하였다. 논쟁은 계속되었다. 그리고 신부들이 개입하면서 논쟁은 더욱 가열되었다.

모든 종교단체들은 수도원을 환자 격리용 병원으로 전락시키면서 끔찍한 재앙을 감수하기보다는, 이러한 불편을 다른 종교단체에 떠넘기려고 하였다. 프란체스코회 수도사들은 자신들의 반대의사를 분명히 하였다. 그리고 더 나아가 코베리가 성 안나 수도원의 수도사들과 공모했다고 비난하였다. "어제 저녁 (코베리가 이 수도원의) 신부들과 저녁식사를 함께하였다."[62] 계속해서 신부들은 자신들이 공국의 지시에만 따를 것이라고 하면서 대공의 지시가 있는 경우 공문서의 형태로 작성된 구체적인 조건 하에서만 수도원을 내어주겠다고 하였다.[63]

성 안나 수도원의 신부들은 보다 유연하게 대응하였다. 이들은 대공에게 서신을 보내 지난 1512년, 훗날 레오네 10세의 법명으로 교황에 선출될 메디치 가문의 추기경이 피렌체에 대항한 스페인 군대와 함께 왔을 때, 성 안나 수도원에 머물렀다는 사실을 상기시켰다. 프라토의 군인들이 이 수도원을 포격했을 당시 추기경은 이 수도원의 예배당에 있는 기적의 성모 덕분에 겨우 목숨을 구할 수 있었다. 당시 추기경의 군인들이 프라토를 야만스럽게 약탈하였다는 사실은 언급하지 않았다. 반면, 교황 레오네 10세가 신부들의 환대와 기적의 성모의 중재에 감사하는 뜻에서 이 수도원에 프라토 자치도시의 사법권에 예속되지 않는 특권을 제공한 사실을 강조하였다. 이를 계기로 프라토 시당국은 이 수도원의 신부들에게 비우호적인 태도를 견지한 것이 사실이었다. 결론적으로 긴 편지의 마지막 부분에서 신부들은 대공에게 수도원의 특권을 확인시켜 줄 것을 요청하였다. 이것은 프라토 자치도시 당국이 이 수도원을 환자 격리를 위한 병원으로 징발하지 못하게 하는 방편이기도 하였다.[64]

대공은 청원을 받아들이지 않았다. 기적의 성모께서도 이번에는 수도원의 편을 들어주지 않았다. 한동안 코베리의 주장이 수용되는 듯하였다. 프라토의 관리들은 코베리의 견해에 반대하지 않았다[65] 그의 권한을 존중하면서 그가 피렌체에서 상당히 영향력이 있음을 인정하였다. 소모적인 논쟁에 피곤해진 프라토 시정부 관리들은 더 이상의 지체를 우려하여 코베리의 제안을 받아들이기로 결정하였다. 하지만 이 순간에 새로운 변수가 발생하였다.

코베리의 계획에 따르면 요양병원의 환자들은 고리 가문의 빌라를 징발하여 이곳에서 치료할 예정이었다. 고리 가문은 피렌체의 유명 가문으로 프라토에서 벌어지고 있는 일에 대해서는 알고 있지 못했다. 하지만 이 사실을 뒤늦게 알게 되자 이에 대처하기 위해 신속하게 움직였다. 11월 15일, 피렌체 보건 당국은 프라토에 공문을 보내 격리병원 또는 요양병원의 환자들을 위한 시설로 사용하기에 적합한 다른 빌라들이 있음을 전제로, 프라토 주민들이 "피렌체 시민들의 부동산을 강제로 징발할 권리가 없다"는 사실을 강조하면서 프라토 보건소에 "피렌체인들의 재산이 불법적으로 점유되지 않도록 할 것을 주문하였다."[66]

공문과 함께 전달된 의지는 매우 확고하였으며 프라토 시민들에게 코베리가 별로 영향력이 없는 인물이라는 사실을 주지시켰다. 코베리가 프라토 관리들의 회의에 참석하여 피렌체 보건 당국이 팔코 가문의 빌라를 격리병원으로 사용할 것을 지시하였다는 말을 하였을 때, 그의 말은 아무런 반향 없이 회의장의 깊은 침묵 속에 묻혀버렸다. 코베리의 지시는 무시되었고 관리들은 성 안나 수도원을 격리용 병원으로 그리고 팔코 빌라를 요양병원의 환자들을 위한 병원으로 사용할 것을 결의하였다.[67]

결정은 11월 17일 혹은 18일에 내려졌고 20일에는 피렌체 보건 당국에 의해 승인되었다.[68] 최종적인 결정은 아직 없었지만 이로부터 9일 후인 29일 금요일 밤에 피렌체에서 보건 위원이 프라토에 도착했다. 같은 날 저녁, 그는 프라토의 집정관과 시정부 관리들을 만났으며 다음 날에는 모두 함께 성 안나 수도원, 팔코 가문의 빌라 그리고 주변 콘타도 지역의 다른 시설들을 방문하였다.[69] 그리고 모든 조사를 종합한 결과 피렌체에서 파견된 보건위원은 이 도시 관리들의 결정을 최종적으로 수용하였다. 이로서 프라토 시정부 관리들은 한 숨을 돌릴 수 있었다. 결국 격리병원을 둘러싼 심각한 문제가 해결된 것이었다. 그렇다고 일이 순조롭게 진행된 것은 아니었다. 성 안나 수도원과 팔코 가문의 빌라가 서로 너무 멀리 떨어져 있기 때문에 엄동설한에 요양병원의 환자들을 성 안나 수도원에서 팔코 가문의 빌라로 옮기는 작업이 사실상 불가능한 것이 문제였다. 그럼 요양병원의 환자들을 어디서 치료한다는 말인가? 관리들은 급하게 다른 장소를 물색해야만 했다. 결국 자치도시 정부의 관리들은 검역소가 성 안나 수도원에 있어야 한다면, 이미 결정한 바와 같이, 요양병원의 환자들을 위한 장소는 수도원 인근에 위치한 라탄치오 바이 (Lattanzio Vai) 소유의 빌라가 최적이었다. 이것은 모두에게 정직하고 합리적인 결정이었다. 하지만 라탄치오 바이는 교구의 신부이자 프라토의 유력 가문에 속한 매우 중요한 인물이었다. 그럼에도 시정부 관리들은 프라토 자치도시가 제한 지역이었으며 또한 프라토 시민들에게 피렌체 방문이 금지되었으며 편지조차도 보낼 수 없었다는 사실을 이용해 자신들의 뜻을 관철하려고 하였다. 하지만 라탄치오의 영향력을 과소평가하였다.

12월, 시정부 관리들은 프라토에서 성 안나 수도원의 신부들이 거처할 집을 구하려고 노력하였다.[70] 가구도 옮기고 신부들의 일상용품도 준비하였다. 수도원의 교회는 폐쇄한 후에 주위에 벽을 쌓아 차단하였다.[71] 참상, 매트리스, 집기류, 프라이팬 등 여러 살림 도구들도 미세리코르디아 병원에서 성 안나 수도원으로 옮기도록 하였다. 이를 위해서는 필요한 물품들을 제공하지 않으려는 병원관계자들의 극렬한 저항을 극복해야만 했다. 또한 수도원의 구조를 병원시설로 바꾸기 위한 조치도 병행되었다. 많은 시간과 노력 그리고 예산이 소요되었다. 12월 31일, 도시 집정관은 피렌체 보건 당국에 편지를 보내 "성 안나 수도원에 새로운 격리병원이 마련되었습니다[…] 이틀 후면 프라토의 격리병원에 있는 환자들을 이곳으로 옮겨올 것입니다."[72] 이 서신을 작성하는 동안 긴 안도의 한숨을 내쉬었을 것이다.

도시 집정관은 라탄치오가 절절한 사연을 담은 청원서를 피렌체 보건 당국에 보낸 사실을 알지 못하고 있었다. 라탄치오는 프라토의 관리들이 징집하려는 빌라에서 자신이 살려고 한다는 주장과 함께 달리 갈 곳도 없음을 토로하였다. 아울러 다른 많은 집들이 있는데도 자신의 집을 징집하는 것은 옳지 못하다는 사실을 힘주어 강조하였다.[73]

라탄치오에게는 피렌체에 영향력이 있는 친구들이 있었는데, 이들은 친구를 돕는 데 적극 나섰다. 1631년 1월 1

일자 편지에서 피렌체 보건 당국은 프라토의 관리들에게 라탄치오를 함부로 대하거나 그의 부동산을 징집하는 것에 대해 경고를 하였다.[74]

우리의 삶에 있어 이 세상이 뭔가 엉뚱한 방향으로 가고 있다는 느낌이 들 때가 있는데, 이럴 때마다 사람들은 극도의 좌절감을 경험하게 된다. 프라토의 관리들은 피렌체의 보건 당국으로부터 편지를 받았을 때 같은 경험을 했을 것이다. 두 달이 넘는 동안 온갖 노력과 수많은 토론 그리고 결코 적지 않은 예산을 투입했던 일이 라탄치오와 그의 사악한 후원자들의 방해로 한 순간에 수포로 돌아간 것이다. 집정관은 답장에서 자신의 모든 권한으로 동료들의 노력을 지지한다는 확고한 의지를 드러냈다. 답장에서 드러난 굳은 결심은 당시 프라토의 전반적인 민심을 그대로 반영하였다. 집정관은 라탄치오가 거짓말쟁이라고 공개적으로 비난하였다. 라탄치오는 시골의 빌라가 아니라 프라토에 살고 있었다. 더구나 그의 부동산은 이 빌라만이 아니었다. 그는 콘타도에 다른 3채의 빌라를 가지고 있었다. 성 안나 수도원 인근에 요양병원의 환자들을 돌보는 데 사용할 수 있는 시설들이 많다는 주장은 전혀 사실이 아니었다. 울분에 찬 집정관은 다음과 같은 말로 답장을 마감하였다. "친애하는 피렌체 보건 당국은 저를 믿어주시기 바랍니다. 이 지역의 유력인사를 모함하려는 것은 아닙니다. 하지만 저희의 노력은 꼭 필요한 조치입니다."[75]

프라토를 절망 속에 그대로 방치한 피렌체 보건 당국의 입장에서 집정관의 답장은 분명히 심기를 건드리기에 충분하였다. 피렌체 보건 당국은 더 이상 답장을 하지 않았다. 피렌체의 침묵은 프라토의 시민들이 나름의 해결책을 찾아 이러한 분쟁을 조속히 끝내야 한다는 사실을 암묵적으로 내포하고 있었다. 결국 당시 상황은 다음과 같이 해결되었다. 성 안나 수도원의 신부들은 수도원 근처에 담으로 둘러싸인 정원을 가지고 있어 '돌담의 집'으로 불린 주택을 한 채 가지고 있었다. 신부들은 부자인 라탄치오가 신부들에게 기증을 한 것에 대한 감사의 표시로 시당국이 이 집을 환자들을 위한 시설로 사용할 수 있도록 허가하였다.[76]

모든 것에 합의가 이루어지자 산 실베스트로 병원에서 성 안나 수도원으로 격리시설을 옮기기 위한 준비가 완료되었다. 1631년 1월 13일, 프라토의 관리들은 디아친토 그라미냐를 새로운 환자시설의 의료책임자로 임명하였다.[77] 디아친토는 고(故) 그라미냐의 아들로서 부친을 위해 일하면서 의료조합의 회원이 되었다. 그는 노련하고 경험이 풍부한 외과의사는 아니었다. 하지만 이 시설의 책임자를 여러 달 동안 백방으로 물색했지만 구하지 못해 다른 선택이 없었던 관리들은 젊은 디아친토를 책임자로 임명하고 당시의 상황을 고려해 지위에 따른 봉급도 보장하였다.[78] 1월 14일, 토스카나 주에 몰아닥친 한겨울의 추위 속에서 산 실베스트로 병원에 있던 43명의 환자들이 성 안나 수도원의 새로운 격리병원으로 옮겨졌다. 결코 쉽지 않았을 것이다. 하지만 이 날 죽은 환자는 없었다. 그리고 이틀 후까지도 사망자는 발생하지 않았다.[79]

분쟁, 부정부패, 규정위반, 지루한 언쟁, 일련의 수많은 어려움과 문제들. 병원의 관계자들에게는 쉴 틈이 없었다. 그러나 환자들의 죽음을 알리는 종소리는 계속되었다. 8명의 병원 관계자들은 어떤 심정이었을까?

이들의 보고서에서는 정신적 피곤과 불안감이 지속적으로 목격되었다. 위기의 순간마다 사람들의 의식 속으로 파고드는 심각한 고독감과 의심으로 인한 좌절감은 보다 큰 결정에 대한 궁극적인 책임감으로 드러났다. "심각한 전염의 재앙을 절대자로부터 엄청난 피의 대가로 경험하였다. 그것도 아무런 희망도, 빛도 없는 어둠 속에서."[80] 프라토 보건위원들이 역사에 남긴 심리상태에서 또 다른 동기는 고통스런 절망감이었다.

흑사병은 1630년 8월부터 시작되었다. 빠르게 확산되지는 않았지만 조만간 끝날 것이라고도 기대할 수 없었다. 그 어떤 유사한 경험도 없는 상태에서 지금의 상황에서는 아무런 생각조차 할 수 없다.[81]

사람들은 무지함 때문에도 제약과 통제에 견디지 못하기 마련이다. 프라토의 시민들에게도 예외는 아니었다. 1630년은 포도 생산이 풍년이었다.[82] 같은 해 9~10월에 타볼라 마을은 수많은 죽음과, 원인이 알려지지 않은 병으로 인해 폐쇄되었다. 하지만 많은 사람들이 포도수확을 위해 죽음을 무릅쓰고 마을에 접근하였다.[83] 뿐만 아니라 모든 예방조치들에도 불구하고 격리시설의 환자들을 완전히 격리시키는 데 실패하였다.

10월 8일, 프라토 보건소 관리들은 피렌체 보건 당국에 이러한 절망상태를 보고하였다. "시민들은 시 당국의 지시사항을 준수하지 않는다. 이 때문에 관리들의 임무수행이 더욱 힘들어지고 있다."[84] 피렌체 대공에게 위반자를 엄중하게 처벌할 수 있는 법규를 요청하였고 수용되었다.[85] 하지만 관리들은 이를 적용하는 데 주저하였다. 상황은 그대로였다.

11월 말, 프라토를 방문한 피렌체 보건 당국의 책임자 프란체스코 빈첸조 마르텔리(Francesco Vincenzo Martelli)는 "극심한 무질서와 혼란을 목격하였다. 특히 새로이 마련한 격리병원의 환자들은 시설을 벗어나 주변 지역을 돌아다녔다. 이러한 무질서로 인해 이 지역은 심각한 불행에 직면하고 있다"[86]는 사실을 직시하였다.

마르텔리는 11월 29일 금요일 늦은 오후 프라토에 도착하였다. 그는 이튿날인 토요일 대부분의 시간을 말을 타고 주변의 콘다도를 방문하였으며 성 안나의 수도원과 팔코 가문의 빌라 그리고 '다른 많은 지역들'을 방문하여 새로운 격리병원을 위한 시설을 찾는 데 노력하였다. 그는 같은 토요일에 프라토를 떠났다.[87] 마르텔리는 직접 고발된 부정부패와 위반사례를 살펴볼 시간을 낼 수 없었다. 그는 보고서에 관리들의 고충을 충분히 반영하였다. 함께 모여 토론하는 자리에서 마르텔리와 프라토의 관리들은 성 안나 수도원에 새로운 격리시설을 마련하여 극심한 혼란과 불편을 해결하기로 의견을 모았다. 아울러 프라토 보건소의 보건위원을 임명하기로 하였다. 관련 문서에서는 이러한 결정이 관리들이나 마르텔리에 의한 것이었는지 알 수 없었다.

반면에 결정문에는 "이는 반드시 필요한 조치이다"라는 구절이 포함되어 있었다. 새로운 직책은 시 정부의 관리들 중 한 명에게 위임되었다. 보건위원은 권위에 있어서나 공중보건과 관련한 규정들을 마련하는 임무에 있어서 다른 동료들의 역할을 대신할 수 없었다. 그러나 그의 임무는 동료들의 결정을 신속하고 단호하게 추진하고 공중보건과 관련한 모든 지시사항들이 완벽하게 이행될 수 있게 하는 것이었다. 즉, 보건위원의 실질적인 역할은 관리들의 업무 추진력을 높이는 데 있었다. 사안의 중대성과 책임성 그리고 중요성을 고려할 때 보건위원의 역할은 반드시 필요한 것이었다.

1630년 12월 11일, 마르텔리가 프라토를 방문한 지 10일이 지난 후 프라토의 보건소 관리들은 신임 보건위원의 선출을 위해 모였으며 이 자리에서 만장일치로 줄리오 체피니의 크리스토파노를 선출하였다.[88]

크리스토파노는 비록 작위는 없었지만 프라토의 저명한 가문 출신이었다. 프란체스코 디 바르톨로메오 디 프란체스코의 이름은 1480년 토지대장에서 처음으로 언급되었다. 그에게는 두 명의 자식이 있었는데, 이들은 세바스티아노와 프란체스코였다. 프란체스코로부터 줄리오가 출생했으며 줄리오로부터 크리스토파노가 출생하였다.[89] 1621년 토지세 장부의 명단을 보면 프란체스코의 줄리오는 6피오리니가 조금 넘는 돈을 세금으로 납부하여 고액 세금납부자 명단 30위에 올랐다. 가장 재산이 많은 자들은 18피오리니를 납부했으며 그 이하 부유한 자들은 적어도 5피오리니 이상의 세금을 냈다. 당시 줄리오는 부유한 재산가의 부류에는 속하지 않았던 인물로 보인다.[90]

대공국의 수많은 공동체들을 지배하는 지역 유지들에 속하는 크리스토파노는 강한 시민의식을 바탕으로 공공행정에 적극 참여해야 한다는 생각을 가지고 있었다. 크리스토파노의 이름은 지역선거를 통해 여러 공공기관들의 선출인 명단에 이름을 올렸다.

1629년 3월 1일, 그는 프라토의 행정장관에 선출되었는데, 이 직책은 도시의 선출직들 중 가장 높은 직위였다.[91] 행정장관은 두 달의 임기 동안 8명의 자치도시 위원들과 함께 행정업무를 수행하였다. 크리스토파노의 임기는 4월 30일 종료되었다. 8월 14일에는 의료인 선발위원회의 구성원으로 임명되었다.[92] 9월 1일부터 10월 말까지 자치도시 위원으로 임명되었다.[93] 10월 27일에는 시청사의 자치도시 통치위원 대리로 임명되어 군사정책에 관한 업무를 담당하였다.[94] 12월 31일 크리스토파노는 자치도시의 통치위원에 출마했지만 당선되지 못하였다. [95]1630년 8월 3일에는 보건소 관리들이 4명에서 8명으로 증원되자 크리스토파노는 새로운 관리로 선출되었다.[96] 흑사병이 도시에서 발병하자 프라토의 시민들 사이에서는 막중한 책임에 비해 보상도 받지 못하고 사망의 위험성마저 높은 관직을 회피하는 경향이 확산되었다. 도시의 통치위원회도 "선뜻 관직을 맡으려는 사람이 없다는 현실을 인정하고 있었다."[97] 하지만 크리스토파노는 조금도 망설이지 않왔다.

1630년 12월 11일, 극도의 피곤함과 좌절감에 빠진 프라토 보건소 관리들은 도시의 관리들을 다독이고 재정을 관리해줄 능력이 있는 누군가를 찾아야 한다는 조급한 마음에 크리스토파노 디 줄리오를 만장일치로 보건소 보건위원으로 선출하였다.

크리스토파노는 의학을 공부한 인물이 아니었다. 그는 경리와 서기의 직업을 가지고 있었다.[98] 하지만 당시에는, 이미 언급한 바와 같이, 의사만을 보건소 관리로 뽑을 수 있는 현실이 아니었다. 크리스토파노가 보건소 보건위원이 되었을 때 그의 임무는 다음과 같았다.

첫째, 격리병원을 마련하고 요양병원의 환자들에게 필요한 모든 물품을 공급하며 좋은 정부를 유지하기 위한 조치들을 감찰하고 전염병에 걸린 자들을 격리병원으로 신속하게 옮기는 일.

둘째, 전염이 의심되는 모든 사람들을 집안에 강제로 머물게 하고 일상적인 보수를 지급하게 하는 일.

셋째, 일정 시간이 지난 후에 집안에 강제로 폐쇄했던 문을 열고 환자들의 상태를 살피는 일.

넷째, 위원들의 회의에서 결정된 사항들을 신속하게 추진하는 일.

다섯째, 재정위원이 집안에 감금된 모든 자들에게 과도한 생계보조금이 지불되지 않도록 감독하고 사망자의 수를 파악하여 실무자들이 과도한 지출을 하지 않도록 하는 일.

여섯째, 보건소 직원들을 감독하고 전염된 자들과 요양병원의 환자들이 치료를 잘 받는지 그리고 죽은 자들이 잘 매장되었는지 등의 잡다한 일을 관리하는 일.[99]

보건위원의 봉급은 적은 것은 아니었지만 수행하는 중책을 고려한다면 결코 많은 것도 아니었다. 한 달에 8스쿠디(scudi), 즉 시신 매장인의 월급과 같았다. 이것은 도시 공동체가 시민들에게 높은 시민의식과 헌신에 호소한 것으로, 당시 프라토 자치도시에 확산되어 있던 노블리스 오블리주의 수위를 짐작케 한다.

2
크리스토파노의 활동

보건위원으로 선출된 크리스토파노는 행정가로서의 역할을 유감없이 발휘하였다. 1630년 12월 11일, 그가 선출된 당일 프라토에서는 77개의 주택이 폐쇄되었고 그 속에 강제로 감금된 223명은 자치정부로부터 생활을 지원받고 있었다.[1] 크리스토파노는 자신의 책에서 당시에 대해 다음과 같이 기록하였다.

　보건위원이 선출되기 전까지 발병자의 집은 모두 폐쇄되었으며 재정위원으로 하여금 집안에 감금된 자들에게 생계보조금을 지급하도록 하고 있었다. 하지만 실수가 일어나면서 생계보조금을 지급하는 임무는 보건위원에게 위임되었다. 보건위원은 전염된 자의 집을 폐쇄하고 22일간 격리시켰다. 그리고 사실을 조사한 후에 이들 모두에게는 한 명당 하루 1줄리오의 생계보조금이 지급되었다.

크리스토파노의 증언을 통해 모든 세부사항이 잘 드러난다.[2] 단, 한 가지 사실에 대해서는 좀 더 살펴보아야 하는데, 이것은 그가 자신의 글에서 언급한 '실수'에 관한 것이었다. 실제로 그가 말한 '실수'는 '부정부패'를 의미하는 것이었다. 격리기간이 지난 후에도 일상의 생계보조금을 기대하면서 집안에 머무는 사람들이 있었다. 보건위원에게 주어진 임무들 중 다섯 번째와 관련해 보건소 관리들에 따르면 집안에서 사망한 자들은 곧바로 보고되지 않았으며 도시정부는 계속해서 이들에게 일상의 보조를 하였고, 이렇게 해서 부당하게 지급된 생계보조금은 관련 직원이나 죽은 자가 또는 양측이 함께 착복하였다.

보건위원으로서 크리스토파노가 내린 첫 번째 결정은 "22일 또는 격리기간이 지난 후 폐쇄되었던 집들을 다시 열어 사실을 확인하는 것이었다." 그의 분명한 의도는 앞서 지적한 부정부패를 제거하는 것이었다. 12월 11일 업무를 시작한 크리스토파노는 35명이 갇혀 있는 13개의 폐쇄된 집을 다시 열도록 하였다. 4일 후에는 27명이 격리되어 있는 9채의 집에 대해 폐쇄조치를 해제하였다. 12월 말 직전까지 모두 59채의 집에 대한 폐쇄조치를 해제하였으며 남은 18채의 주택에 대해서는 1631년 1월 18일 이전에 폐쇄조치를 모두 해제하였다.[3]

크리스토파노는 자신의 임무 수행에 있어 예외를 두지 않았다. 피렌체 보건 당국의 지침에 따르면 프라토에서는 폐쇄된 집안에 감금된 사람에게 하루에 1줄리오(즉 13과 1/3솔디)를 지급하였다. 크리스토파노가 임명된 후부터 지급금액이 13과 1/3에서 10솔디로 감액되었다. 그 이유는 크리스토파노가 자신의 저술에서 언급했듯이, 하루에 10솔디로도 '편하게 잘 지낸다'는 것이었다.[4] 구두쇠인 크리스토파노에게 '편하게'라는 말은 '넉넉하게'를 의미하였다. 실제로 하루 10솔디의 돈으로 잘 지내는 것은 거의 불가능하였다. 하지만 크리스토파노는 생계보조금 지급액을 축소하는 것에 만족하지 않았다. 사실 감금 조치된 극빈의 시민들에게는 무상으로 지급되는 빵과 5솔디의 생계보조금이 지급되었다. 이 모두는 "자치도시의 지출을 부분적으로나마 축소해보려는 노력의 일환이었다."[5] 뿐만 아니라 생필품을 지급받지 않아도 되는 자들이 지원을 받는 것은 분명한 부정부패였다. 그 결과 '생활 능력이 있는 자들'은 아무 것도 지원받지 않아야 했다.[6]

이러한 결정은 보건소 위원회가 승인해야만 했다. 위원회는 의결기구였으며 보건위원은 이들의 결정을 집행하는 역할을 하였다. 그럼에도 결정이 내려지는 순간과 상황을 보면, 크리스토파노의 강력한 추진력이 결정적인 영향을 주었을 것이다. 실제로 크리스토파노는 성격상 검소하고 정직하였으며 올바른 교육을 받은 인물이었다. 그는 부패한 행정을 묵인하지 않았으며 '공공의 돈'을 지켜야 한다는 굳은 신념을 가지고 있었다. 당시 크리스토파노는 대중적으로 알려지지는 않았지만 좋은 행정가로서 정직함을 유지하였으며 효율적인 행정을 포기하면서까지 대중적인 인기를 추구하지는 않았다.

그는 몇몇 가구의 폐쇄된 집들을 다시 개방하면서도 다른 한편으로는 집들에 대한 새로운 조치를 병행하였다. 하지만 그가 보건위원으로 재임하던 기간에 주택들이 폐쇄된 것은 1631년 1월 11일 이후였다.[7] 흑사병으로 많은 사람들이 쓰러지고 있었다. 하지만 그는 보건위원이 된 후 한 달 동안 폐쇄된 집들에 대해 격리기간을 설정하는 것 없이 개방하였다. 프라토 자치도시의 재정적자는 흑사병보다 더 심각할 정도였다. 1631년 1월 11일, 그는 7명이 살고 있는 집 3채에 대해 폐쇄조치를 하였다. 다음날에는 4명의 주민이 살고 있는 다른 집 한 채를 폐쇄하였으며 그 다음날에는 4명이 살고 있는 집 한 채를 추가로 폐쇄하였다. 폐쇄조치는 계속되었다. 1월 11일과 10월 24일 사이에 모두 149채의 집들에 대해 격리 조치하였다.

　이미 말한 바와 같이, 크리스토파노는 '도움이 없어도 살 수 있는 사람들'은 시정부의 보조를 받지 않는다는 원칙을 설정하였다. 그 외에 대해서는 감염자들과 감염 의심자들을 구분하였다. 만약 감염자가 격리시설에 가기를 원하지 않는다면 빈자라고 할지라도, "자신의 집에서 스스로 치료를 원하는 것으로 간주해 시정부의 보조금 수혜 대상에서 제외시켰다."[8] 조치는 별다른 효과를 내지 못했다. 크리스토파노가 이러한 결정을 내린 동기는 "이렇게 함으로써 격리시설로 보내지는 빈자들에게 보다 많은 혜택을 주기 위한 것이었다."[9]

　성 안나 수도원에서 사망한 주민들은 전체 사망자의 22%에 불과하였다. 수치가 낮은 것은 크리스토파노가 시민들을 격리시설로 보내는 과정에서 얼마나 큰 어려움에 직면했을지를 보여준다. 부분적으로는 당사자들이 원하지 않았기 때문이기도 했지만 격리시설 자체의 열악한 조건들 때문이기도 했다. 이것은 수많은 심각한 문제들 중 하나로서 보건위원인 크리스토파노에게 엄청난 고통을 안겨주었다.

밀라노의 격리시설은 1629년의 전염병 당시에는 1만 명 이상을, 1630년의 흑사병 당시에는 15,000명의 환자를 수용하였다. 볼로냐의 경우 1630년 흑사병이 창궐했을 때 산티씨마 아눈치아타(Santissima Annunziata)의 격리시설은 500명을, 산타 마리아 델리 안젤라(Santa Maria degli Angela)에 마련된 격리시설은 400명을 수용하였다. 피렌체의 경우 산 미니아토(San Miniato)의 격리시설은 900명 이상의 환자를 수용하였다. 1630년 여름 베로나의 격리시설은 4,000명 이상을 그리고 1630년 8월 파도바의 격리시설은 2,000명의 환자를 수용하였다. 프라토는 상대적으로 작은 자치도시였으며 성 안나 수도원에는 60개를 넘지 않는 병상이 있을 뿐이었다.

밀라노에서는 감염자와 감염 의심자 모두를 격리시설에 보냈지만 같은 공간에 머물게 하지는 않았다. 밀라노의 격리시설에는 감염자들을 위한 부서와 감염 의심자들을 위한 부서가 독립적으로 존재했다. 토리노, 로마 또는 팔레르모와 같은 다른 도시들의 경우, 분리된 격리시설이 존재했다. 프라토는 이러한 가능성을 가지고 있지 못하였다. 빈곤이 완벽하려는 노력을 좌절시키고 있었다. 프라토에

서 감염 의심자들은 집에 격리되었지만, 감염자들은 가능한 경우에만 격리시설에 보내졌다.[10]

격리시설이 도시 내에 있는 산 실베스트로의 병원에서 도시 밖에 위치한 성 안나 수도원으로 옮겨진 이후, 프라토에는 요양병원의 환자들을 위한 시설이 남아 있었다. 요양병원의 환자들은 "격리시설에 남겨져 적어도 22일간 머물러야 했다."[11] 예방 차원에서 이들은 요양병원에서 개별적으로가 아니라 그룹별로 내보내졌다. 한 그룹이 내보내지면 "이들이 머물던 공간을 깨끗하게 청소하고 다른 요양병원의 환자들을 받았다."[12]

정리하면 크리스토파노의 '규칙'은 다음과 같다.

1) 감염된 것으로 의심되는 자를 모두 22일간 격리시설로 보낸다.
2) 감염자들은 격리시설로 보낸다.
3) 격리시설에서 살아남은 자들은 요양병원으로 보낸다.
4) 요양병원에서 22일간 격리한다.

이론적으로는 모든 것이 간단했지만 현실적으로는 수

많은 문제들이 발생하였다. 실제로 크리스토파노는 흑사병뿐만 아니라 권위주의적인 관료들과 그리고 앞의 두 문제보다 더 심각한 재정문제와도 투쟁을 벌이고 있었다.

보건소 보건위원의 임무에는 격리시설과 요양병원의 운영도 포함되어 있었다. 프라토 자치도시는 두 시설에서 근무하는 인력들에게 봉급을 지불하고 있었다. 하지만 가구, 집기류 그리고 생필품은 미세리코르디아 병원에서 공급을 받아야 했다. 이 병원의 행정은 피렌체 대공국이 임명하는 총독이 독립적으로 운영하고 있었다. 따라서 권한과 관련하여 관료들 간에 분쟁이 발생할 소지가 충분하였다. 이 병원의 총독인 안드레아 마르티나치(Andrea Martinazzi)는 어디서든 분쟁과 문제만을 일으키는 인물이었다. 이는 상황을 더욱 복잡하게 만들 수 있었다. 대공이 직접 임명한 마르티나치는 프라토의 촌스런 관리들을 멸시할 수 있는 기회를 놓칠 인물이 아니었다.[13] 실제로 '병원 책임자'는 격리병원에 가구와 집기류를 충분하지 않게 제공하였으며 공급된 생필품과 의약품은 열악하였다. 1632년 4월 약재상인 야코포 비니(Jacopo Bini)의 상속인은 다음과 같이 폭로하였다.

흑사병이 확산되고 있던 당시와 마찬가지로 이 콘타도의 병자들에게는 병원 책임자 때문에 지시가 잘 이행되지 않아 필요한 의료품들이 충분히 공급되지 않았다.[14]

크리스토파노는 자신의 저서에서 이러한 불행에 대해 언급하지 않았다. 하지만 책의 이곳저곳에는 그의 실망감과 고통이 담겨 있었다. c. 66에서는 "음식물 부족으로 심각한 어려움을 겪고 있었다"라고 적고 있었다. 지출서(cc. 56, 58)의 목록에는 다음과 같은 기록이 남아 있었다.

1631년 3월 6일 – 병원책임자가 요양병원의 환자들에게 식료품을 보냈는데 이는 절대적으로 부족한 양이었다. 1.2 s. 16

1631년 3월 13일 – 병원책임자는 요양병원의 환자들의 의복을 태우기 위한 장작, 기름, 소금을 보내지 않으려 한다. 1.4 s. 10

1631년 3월 24일 – 병원책임자는 빵과 포도주만을 보낼 뿐, 기름과 식초는 보내지 않았다. 1.1 s. 13

1631년 5월 5일 – 병원책임자는 요양병원의 환자들을 위

한 충분한 빵을 공급하려고 하지 않았다. 1.2 s. 17

음식과 난방용 장작 이외에도 크리스토파노는 프라이
팬, 큰 접시, 집기류 그리고 약품들도 구입해야만 했다. 병
원이 공급하지 않는 것까지도 격리시설에 공급하기 위해
크리스토파노는 그 자신이 모은 자금까지도 사용해야 했
다. 하지만 자원이 충분하지 않았으며 크리스토파노는 이
모든 것을 공급할 수 없었다. 그는 "병든 자들과 요양병원
의 환자들에게 많은 것이 부족하다"고 기록하였다.[15]

이 시점에서 병원의 지출비용을 조사할 필요가 있었
다. 1630년 7월 1일부터 1631년 6월 30일까지 총수입은
7,475스쿠디이고, 지출은 격리병원을 위한 비용을 포함해
총 5,305스쿠디였다. 흑사병이 한창 기승을 부릴 때, 즉 격
리병원에 음식과 약품, 이불 그리고 필요한 장작이 충분히
공급되지 못하던 당시에 병원은 2,200스쿠디의 차익을 남
겼다.[16] 크리스토파노는 자신의 저서에서 이처럼 한심하기
그지없는 상황에 대해 자세하게 언급하였다. 하지만 그는
마르티나치에 대한 사적인 공격이나 비난을 의도하지 않
았다. 크리스토파노는 근검절약이 몸에 밴 행정가이자 사

려가 깊은 인물이었다.

1631년 2월 25일, 피렌체의 보건 당국은 이 병원의 총독이 격리병원에 필요한 물품들을 공급하는 일을 방해하고 있다는 소식을 접하였다. 보고서는 분명 크리스토파노가 의도한 것이지만 작성 주체는 프라토의 집정관이었다.[17] 1631년 6월 2일 두 번째 보고서가 피렌체 보건 당국에 접수되었다. 내용에 따르면, 전염병이 콘타도로 확산된 상황에서 관리들이 보건 당국의 지침에 따라 행동하고 있으며 아울러 인근 마을의 전염병 환자들을 성 안나의 격리병원에 수용하려고 한다는 것이었다. 그럼에도 "병원의 총독은 격리병원에 대한 물품 지원을 일부로 제한하면서 콘타도의 상황을 외면하고 있다"는 것이었다. 보고서는 크리스토파노가 쓴 것이지만 '프라토 보건소의 위원'들이 직접 서명하였다.[18]

피렌체 보건 당국의 반응은 신속하고 단호했다. 6월 5일 피렌체 보건 당국은 마르티나치에게 전염병 기간에 병원 행정이 수행해야 할 임무가 "성소의 경제적 수입을 높이기보다는 어려운 처지에 직면한 빈자들을 돌보려고 노력하는 데 있다"는 사실을 상기시켰다.[19] 하지만 프라토의 시민들과 마르티나치의 사이에는 여전히 불편한 긴장감이 형성되어 있었다. 1632년 초까지도 프라토의 통치위원회는 마르티나치가 "정의롭게 통치하지 않는다"는 사실을 지적하였다.[20] 1632년 4월 약재상인 스테파노 베닌덴티의 상속인이 (병원책임자가 지시를 위반하고 충분한 물품을 공급하지 않았기 때문에) 격리병원에 우선적으로 공급했던 여러 의료품들의 대금 지불을 요청하였을 당시, 프라토의 관리들은 피렌체 대공국에 다음과 같은 사실을 보고하였다.

> 우리는 병원책임자인 안드레아 마르티나치에게 피렌체 대공국의 지시에 근거해 대금의 지불을 요청했지만 그는 이를 이행하려고 하지 않았다.[21]

인간적인 충돌과 관료정치의 분쟁으로 인해 격리병원의 상황은 악화일로에 있었다. 결국 1631년 6월, 병자와 요양병원의 환자들에게 필요한 많은 물품들이 공급되지 않음에 따라 세속구호단체인 베네란다 콘프라테르니타 델 펠레그리노(Veneranda Confraternita del Pellegrino)는 프라토 보건소의 관리들에게, 격리병원과 요양병원의 환자들이 머물고 있는 주택들에 대한 관리와 물품 공급의 행정업무를 자신이 수행할 것을 제안하였다. 당시 관리들은 병자들과 요양병원의 환자들이 생필품, 난방 그리고 충분한 의료품을 공급받을 수 있게 하는 다른 방법이 없다는 사실을 직시함으로써 이를 위한 구체적인 행동이나 조치가 필요하다고 확신하고 있었다. 결정은 6월 15일에 내려졌고[22], 같은 달 17일 격리병원과 요양병원의 시설에 대한 관리는 베네란다 콘프라테르니타의 행정에 위탁되었다.[23] 이로써 오랫동안 크리스토파노를 괴롭히던 문제가 해결되었고 환자들에 대한 대우가 크게 개선되었다. 한편 몇 달이 지나자 전염병의 기세가 크게 약화되었다.

크리스토파노가 직면하고 있던 문제는 마르티나치에만 국한된 것은 아니었다. 이미 추진했어야 했지만 자치도시의 재정적자로 인해 하지 못한 일이 적지 않았다. 격리병원의 환자들을 퇴원시킬 때의 절차는 다음과 같았다. 일단 요양병원 환자들의 격리기간이 끝나면 "몸을 깨끗하게 씻고 그동안 입고 사용하였던 모든 것을 불태우며 머리부터 발끝까지 새로운 옷으로 갈아입게 한 후에 각각 10솔디의 생계지원금을 지불한다."[24] 이것은 이론이었다. 실제로는 예산이 상당히 부족하였다.

1631년 2월 25일, 집정관은 피렌체 당국에 "격리병원에 44명의 환자가 있으며 요양병원의 환자들이 머물고 있는 주택 4채에서는 35명이 퇴원할 수 있다"는 사실을 보고하였다. 하지만 실제로 이들은 퇴원을 할 수 있는 상태가 아니었다. 왜냐하면 이들이 입고 있던 옷을 불태우고 대신 새로운 옷을 제공하는 데 필요한 예산이 부족했기 때문이다. 집정관은 "환자들을 격리병원에서 퇴원시켜, 다시 이들을 전염시킬 수 있는 더러운 옷 대신에 새 옷을 입고 집으로 돌아갈 수 있게 해주고 싶었다. 하지만 이곳에 머물고 있는 다른 환자들은 여전히 회복되지 못하고 있다."[25] 서기관 마이나르디(Mainardi)는 1631년 2월 5일의 서신에서 예산이 부족한 관계로, "환자들의 침상과 의복을 불태워 주택과 사람들의 위생 상태를 개선할 수 없어 새로운 전염이 우려되고 있다"는 사실을 지적하였다.[26]

크리스토파노는 자신의 저서에서 집에 머물기로 결정한 환자들에게는 생계보조금을 지급하지 말아야 하며 격리병원에 가기를 희망하는 자를 적극적으로 지원해야 한다고 하였다. 또한 그는 당시의 보편적인 사고, 즉 부유한 자들은 자신들의 집에 머물 수 있게 하지만 가난한 자들은 격리병원에 반드시 보내야 한다고 생각하고 있었다. 하지만 모든 빈자들을 격리병원에 보내는 것은 현실적으로 많은 어려움을 동반하였다.

마르티나치의 방해로 인해 성 안나 격리병원의 환자 수용능력은 축소되었다. 따라서 이곳에 보내야 하는 가난한 환자들을 위한 침상이 부족하였다. 게다가 새로운 의복을 구입하는 데 필요한 예산도 부족하였다. 크리스토파노는 규정에 따라 수용한 환자들을 퇴원시킬 수도 없었다. 그 자신이 만든 규칙을 무시한 채 어떻게 하든 이들을 수용하는 방법밖에는 없었다. 두 가지 사례를 지적해보자. 격리병원의 환자 수가 58명(1631년 1월 31일)과 55명(1631년 3월 11일)에 달했을 때, 크리스토파노는 이들 중 처음에는 15명을, 두 번째에는 11명을 요양병원으로 보냈다.[27] 두 경우 모두에 있어 실질적인 이유는 이들이 요양병원으로 옮겨질 상태에 있었던 것이 아니라 격리병원의 병자들이 정원을 초과하여 이를 줄여야 했기 때문이었다. 앞서 이미 언급했던 집정관과 서기관의 편지들은 크리스토파노가 여러 차례에 걸쳐 격리병원에 왔을 때의 옷을 그대로 입고 요양병원으로 보내졌다는 사실을 지적한 바 있었다.

크리스토파노가 작성한 문건들에 따르면, 요양병원의 환자들이 규정에 따라 22일간 격리된 것도 드물었다. 하지만 크리스토파노가 자신이 쓴 『보건서』[c. 64v.(페이지의 뒷면)]에서 언급한 바와 같이, 환자들이 이미 격리기간의 일부를 격리병원에서 지냈기 때문에 회복기간이 축소되었다. 하지만 c. 66r(페이지의 앞면)에서 격리병원의 행정을 콘프라테르니타 델 펠레그리노에 위임하는 데 따른 문제들을 지적하면서 크리스토파노는 요양병원의 환자들이 "생필품 부족의 어려움 때문에 예상보다 일찍 퇴원하였다"는 사실을 인정하였다.

크리스토파노는 좋은 규정을 위반할 인물이 아니었다. 그는 높은 전염성과 격리병원의 환자수가 줄어든 상황을 이용해 점차 더 많은 환자들을 격리병원에 보냈다.[28] 하지만 천박한 관료정치의 현실과 재정적 어려움으로 인해 흑사병이 극성을 부릴 때 관련 규정을 위반해야만 했는데, 이로 인해 크리스토파노는 심각한 대가를 치러야 했다.

만성적인 재정부족으로 인해 매일 같이 위급하고 비

극적인 상황에 직면해야만 했던 크리스토파노는 계속해서 모든 수단을 강구해야만 했다. 1630년 12월, 즉 보건위원으로 임명된 순간부터 필요한 예산은 특히 비상시의 특별 지출에 있어 충분하지 않았다. 격리병원의 이전이 결정된 후 성 안나 수도원에 새로운 격리병원과 환자들을 위한 시설들이 마련되었다. 하지만 침대도, 담요도, 침대용 시트도 난방용 장작도 준비되어 있지 않았다. 겨울이었고 그리고 까칠한 성격의 마르티나치 때문에 미세리코르디아 병원은 필요한 물품들을 확보하는 데 많은 어려움에 직면하고 있었다. 시민들의 도움에 호소하는 수밖에 없었으며 보건위원으로 취임한 지 일주일 만에 크리스토파노는 '물품과 예산을 확보하는 노력'을 경주해야만 했다. 크리스토파노는 이를 실행에 옮기고 사람들의 자선을 이끌어내기 위해 그리고 자신의 임무를 추진하기 위해 직접 행동에 나섰다. 두 명의 수행원을 대동하고 모든 집을 방문하여 시민들에게 격리병원을 가능한 신속하게 성문 밖으로 옮기는 것이 왜 중요한지에 대해 일일이 설명하였다. "그는 물품과 예산을 마련하기 위해 두 명의 수행원과 함께 격리병원이 도시 내에 있는 것이 얼마나 위험한가를 설득하기 위해 최선을 다했다."[29] 1630년 12월 18일과 1631년 1월 28일 사이에 그 동안의 노력에 따른 성과가 나타났다.[30]

깃털 매트리스 중고 1개

침대용 천 3개

침대용 담요 4장

린넨 실 매트리스 8개

크고 상태가 좋은 침대용 시트 1개

양모 매트리스 1개

중고 포대자루 2개

포대자루 11개

침대용 시트 22개

침상용 목재 받침대 3개

카페트 3장

이 모두는 중고였다. 하지만 모두 위생 상태가 좋은 집이나 저명인사들이 기증한 것이었다. 따라서 크리스토파노는 이를 요양소 환자들과 격리병원의 외과 의사를 위해 사용하기로 결정했다. 외과 의사에게는 나무 침대, 린넨 실 매트리스, 카페트, 털을 넣어 만든 매트리스, 두 장의 시트 그리고 예산으로 구입한 포대자루 2개를 제공하였다. 나머지 물품은 요양병원에 공급했다. 그 결과 적어도 부분적으로는 요양병원의 가구 문제가 해결되었다. 하지만 격리병원의 보다 심각한 문제는 여전히 남아 있었다. 크리스토파노는 다른 전문가들에게 도움을 요청해야만 했다.

1576년 흑사병이 시칠리아에 확산되자 의사 조반 필립보 인그라시아(Giovan Filippo Ingrassia)는 『시칠리아 왕국의 팔레르모와 다른 도시들을 공격한 전염성의 흑사병에 관한 정보(*Informazione del pestifero et contagioso morbo il quale affligge et have afflitto questa città di Palermo et molte altre città e terre di questo Regno*)』를 집필하였다. 그는 자신이 쓴 저서를 위한 격언으로 '황금, 불, 교수대'(Ignis, furca, aurum sunt medicina mali)를 선택했다. 지출예산을 위한 황금, 오염된 물건들을 제거하기 위한 불 그리고 보건규정의 위반자들을 처벌하고 다른 사람들에게 경고하기 위한 교수대가 그것이다. 흑사병이 확산된 도시들에서는 교수대 이외에도 화형에 처하는 형벌이 병행되었다. 흑사병으로 죽은 자와 접촉한 자는 전염된 것으로 간주하여 전염병을 옮길 수 있다고 판단되었다. 하지만 접촉한 물품들에 따라 전염성이 차별적으로 적용되었다. 예를 들어 금속이나 유리보다는 깃털, 가죽, 양모, 담요 등이 더러운 옷에 접촉했을 때 전염성의 정도가 매우 높은 것으로 간주되었다. 이러한 구분의 기준은 구체적이지 못하였다. 오히려 경험에 따른 주관적인 판단이었다. 하지만 그리 어리석은 것만은 아니었다. 우리는 임파선 페스트(peste bubbonica)가 벼룩에 의해 옮겨지며,[31] 천, 가죽, 깃털 그리고 카펫이 다른 물품보다 벼룩이 살기에 더 좋은 환경을 제공한다는 사실을 알고 있다. 당시의 사람들이 전염병의 현상에 대해 가지고 있던 생각은 비교적 순진한 것이었지만 그 근거는 사실들에 대한 세심한 관찰에 기초한 것이었다.

전염과 전염된 것으로 의심되는 물품들의 경우에는 두 가지 대처법이 마련되었는데, 이는 살균과 소각이었다. 사람들은 전염병 환자가 접촉한 침대, 짚 이불, 담요, 그릇, 각종 시트는 모두 소각되어야 한다는 사실에 동의하였다. 하지만 의사들과 보건소의 보다 엄격한 관리들도 적지 않은 예외가 존재한다는 사실을 인정하였다.

의도적이든 그렇지 않든 모든 것은 경제적인 요인들에 대한 고려로 귀결되었다. 산업화 이전 시대의 사회는 근본적으로 빈곤했기 때문에 보건과 위생에 대한 추상적인 개념들에 따라 물품들을 대대적으로 소각하는 것에 매우 소극적이었다. 실제로는 타협이 빈번하였다. 오염이 의심되는 물품이 새것이거나 가치가 높은 것이면 살균하였다. 하지만 낡고 가치가 적은 물품들은 불태워졌다. 뿐만 아니라 소유주의 사회적 지위나 명성이 추가적인 결정요인으로 작용하였다. 귀족, 부자, 상인들은 자신들의 물품을 불태우지 않을 수 있었지만 빈자들은 그럴 수 없었다. 살균작업에는 많은 비용이 들었는데, 가치가 있는 물품들의 경우에는 살균비용을 지불할 가치가 있었지만 물품이 저렴한 것이라면 그렇지 않았다.

프라토의 크리스토파노 역시 다른 유사한 경우에 모든 보건위원들이 그러했듯이, 이러한 문제에 직면하고 있었다. 하지만 크리스토파노의 경우 문제는 격리병원의 급박한 상황 때문에 한층 복잡하였다. 비록 매트리스, 담요, 시트가 오염된 것일지라도 격리병원에는 매서운 추위와 습기를 막아줄 것도 없이 차디찬 바닥에 누워 있는 환자

들이 있는데 이를 어떻게 불태운다는 말인가? 크리스토파
노는 '전염으로 사망하거나 병든 자들이 발생한 집들'에
서 가구와 가재도구들을 징발하였다.[32] 그리고 상태가 좋
은 것과 나쁜 것을 구분하였다. 구분 기준은 주관적이었
다. 즉, '좋은 것'은 보존상태가 좋고 값이 나가는 것이었고
'나쁜 것'은 오래되고 가치가 거의 없는 것이었다. 상태가
나쁜 물품들은 비센치오(Bisenzio)의 자갈밭에서 불태워졌
다. 당시 소각된 것은 다음과 같다.[33]

양모 및 린넨 담요 21장

매트리스 54개

(짚을 넣어 만든) 매트리스 114개

양모 매트리스와 린넨 실 매트리스 46개

카페트와 베개 50개

다양한 종류의 의복 13점

천막 3개

모자 2개

전염되었다고 판단되지만 보존상태가 양호한 것은 소

독 처리한 후, 이를 필요로 하는 격리병원으로 보냈다: "상
태가 좋기 때문에 환자들이 편안하게 지낼 수 있도록 격리
병원에 보냈다."[34] 관습에 따르면 옳은 결정이었다. 하지
만 크리스토파노는 보건위생에 앞서 경제를 먼저 생각해
야만 했다.

크리스토파노는 보건위원으로 임명된 날부터 예산 부
족으로 인한 압박을 받았다. 그의 말에 따르면, 임기 첫 주
에 '물품과 예산을 확보하는 노력'의 일환으로 시민들의
자발적인 도움을 호소하였다. 그는 앞서 언급한 바와 같
이, "하느님에 대한 신앙의 이름으로 고통 받는 병든 자들
과 요양환자들을 위해 많은 물품과 돈을 모금하였다."[35]

모두 40명으로부터 모금된 현금은 아래와 같이 지출
되었다.[36]

총액은 166리레 10솔디였다. 가장 많은 돈을 낸 자는
21리레를 기증한 도메니코 비조키의 프란체스코(Francesco
di Domenico Bizzocchi)였다. 체르토사(Certosa)의 주민들은
14리레를 기증하였다. 세 번째 기증자는 2리레를 제공하
였다. 기증자의 1/10이 4리레 이상을 기증하였다. 총액은
많은 돈은 아니었다. 크리스토파노는 10솔디의 돈이면 하

루에 한 명에게 먹을 것을 보장할 수 있다고 판단했다. 그는 이러한 것을 과장할 인물이 아니었다. 2리레의 돈이면 대략적으로 4인 가족의 하루 생활이 가능하였다. 크리스토파노의 모금을 위한 노력은 돈에만 국한된 것은 아니었다. 각종 물품들도 필요로 하였다. 페스트의 공격을 받은 프라토는 말 그대로 빈곤한 자치도시였다. 게다가 프라토의 시민들은 낭비벽이 심한 사람들이 아니었다.

리레(Lire)	솔디(Soldi)	데나리(Denari)	기증자 수
–	6	8	1
–	10	–	2
–	13	4	1
1	–	–	2
2	–	–	13
2	3	4	1
2	6	8	2
2	13	4	1
3	–	–	2
4	–	–	6
6	–	–	1
7	–	–	4
14	–	–	3
21	–	–	1

크리스토파노는 벌금으로도 적은 돈이나마 확보하였다. 콜로니카의 사바티노(Sabatino da Colonica)와 퍼시의 시모네(Simone da Fossi)는 보건 허가증 없이 프라토로 들어오

다가 적발되었다. 위반에 따른 구금 처벌이 예상되었다. 하지만 돈이 필요했던 관계로 두 위반자에게는 70리레의 벌금형이 내려졌다. 두 명으로부터 거두어들인 벌금은 시민들의 기증으로 확보한 돈의 거의 절반에 해당하였다.

크리스토파노는 확보한 돈을 특별지출예산으로 사용하였다. 지출항목 중 가장 많은 돈이 격리 기간을 무사히 보낸 환자들에게 지급되었으며 퇴원한 시민들은 돈을 받은 후에 모두 집으로 돌아갔다. 1630년 12월 12일부터 1631년 7월 29일까지 이 항목으로 지출된 돈은 110리레, 3솔디 그리고 4데나리, 즉 확보한 예산 전체의 거의 절반에 해당하였다. 나머지 금액의 대부분은 격리병원에 필요한 물품들의 구입비용으로 사용되었다. 그 이외에도 냄비, 큰 접시, 요양병원의 환자들을 씻기는 데 필요한 스펀지(1630년 12월 16일), 격리병원의 외과의사가 사용하는 침대용 매트리스(1631년 2월 27일), 기름, 향과 (격리병원의 치료에 사용되는) 밀랍 초(1631년 3월 22일) 등을 구입하였다.[37]

크리스토파노의 활동을 어떤 관점에서 고찰하든 모든 견해의 귀결은 항상 충분하지 않았던 예산에 모아진다. 특별 지출을 위한 예산은 기금 모금과 벌금을 모두 합해 236

리레와 10솔디였다. 크리스토파노는 세심함과 근검절약의 태도를 유지하였다. 하지만 그는 1631년 7월 20일까지 이미 249리레, 12솔디 그리고 8데나리를 지출하였는데, 이는 자신이 쓸 수 있는 금액에서 13리레, 2솔디 그리고 8데나리를 초과한 것이었다. 그는 과지출금을 자신의 돈으로 충당하였다. 하지만 자세히 들여다보면 명분은 기증이 아니었다. 즉 결산과정에서 차액은 그의 신용으로 처리되었다. 당시에 저명인사들 중에는 자신이 운영하는 가게에서 미리 돈을 앞당겨 사용하는 경우가 적지 않았다. 이러한 크리스토파노의 결정은 노블레스 오블리주의 규칙에 따른 것이었다. 그가 선지출한 금액은 비록 많은 돈은 아니었지만 같은 시기에 프라토 시민들이 기증한 돈보다 많았다. 하지만 기금을 모금하던 시기에 크리스토파노의 이름은 기증자들의 명단에서 언급되지 않았다. 크리스토파노의 심정은 너그러운 기증자의 그것이 아니라 행정관리의 마음이었다.

3
사망률의 추세

흑사병은 1630년 8월 피렌체와 그 인근에 위치한 작은 타볼라 마을로 확산되었다. 죽음의 흑사병은, 비록 공식적으로는 9월 19일이었지만 실제적으로는 피렌체의 경우와 동일한 시기에 프라토를 공격하였을 가능성이 매우 높다.[1]

9월에 전염병은 빠른 속도로 확산되었다. 이러한 추세라면 10월은 상당히 심각한 한 달이었을 것이다. 초가을이 되어도 기온은 떨어지지 않았다.[2] 이로 인해 벼룩들이 죽지 않고 증식할 수 있었으며 그 결과 흑사병이 창궐하였다. 하지만 추운 계절이 시작되자 사망률은 줄어들었다. 크리스토파노와 집정관의 보고서에 따르면, 사망자의 수는 11월 말부터 점차 줄어들었으며 12월에는 현저하게 감소하였다. 이러한 사실은 다른 사료들을 통해서도 확인되었다. 1630년 12월 31일 집정관을 비롯한 관리들은 재정 여건이 악화되고는 있었지만 보건 상황이 개선되고 있다는 사실을 고려해, 보건소 직원들의 봉급을 감액하는 결정을 내렸다.[3] 같은 날 집정관은 피렌체에 보고서를 보내, 비록 프라토의 모든 시민들이 동의하는 바는 아니지만, 프라토와 피렌체 간 교통과 무역을 금지하는 금지령을 해제할

때가 되었다는 사실을 강조하였다.[4]

1월 초반 피렌체 보건 당국은 공국의 모든 영토를 대상으로 '통상적인 격리기간'을 공고하였다.[5] 이것은 흑사병에 신속하게 대처하기 위한 전형적인 조치였다. 즉, 사람들의 이동을 제한하고 주민들을 집에 머물게 하며 격리기간에 그 어떤 모임이나 집회도 금지하는 것이었다.[6] 피렌체의 조치는 1월 5일 프라토에 전해졌고 같은 달 9일과 13일에 트럼펫 소리와 함께 통상적인 장소에서 공고되었다.[7]

'통상적인 격리기간'이 적절한 것인가에 대해서는 논쟁의 여지가 있었으며 실제로도 격렬한 토론이 있었다.[8] 전염자와 보균자로 의심되는 자들을 신속하게 격리시키는 조치가 동반되었다면 모임을 금지하고 이동과 접촉을 엄격하게 제한하는 것은 최선의 결정이었을 것이다. 전염의 출처가 주택이었다면 통상적인 격리는 사실상 의미가 없었을 것이다. 크리스토파노의 자료에서 얻은 수치는 1월과 2월에 사망률이 계속해서 감소하였지만 속도는 이전보다는 조금 느려졌다. 아마도 이것은 전염병의 일반적인 흐름이지만 통상적인 격리가 긍정적인 결과를 가져왔다고는 볼 수 없다.

어쨌든, 사망률이 감소한 것은 사실이지만 사람들은 계속해서 죽어나갔다. 2월 25일, 집정관은 피렌체에 서신을 보내 "이 도시의 보건 상황은 하느님의 은총으로 오래전부터 상당히 개선되었다"고 하였다.[9] 크리스토파노에 따르면, 사망자의 수는 10월의 마지막 두 주 간의 94명에서 1주일에 15명 정도로 감소하였다.[10] 3월 10일, 집정관은 피렌체에 다시 서신을 보내 상황이 개선되었지만 전달된 지침에 따라 전통적인 사순절 설교를 금지하였다는 사실을 전달하였다.[11] 계속해서 집정관은 3월 18일자 공문서신에서 "2월 중순부터 프라토에서는 전염병의 피해가 감소하였으며 우리는 모든 시민들이 죽음의 공포에서 자유로워지기를 희망한다"고 하였다.[12] 크리스토파노가 제공한 수치로 볼 때, 프라토에서는 3월 11~17일 사이에 흑사병이 창궐한 이후 사망률이 가장 낮았다.

모든 상황은 낙관적이었다. 하지만 3월 중순이 지나 봄이 오면서 전염병은 다시 모습을 드러냈다(165쪽 [표6] 참조). 집정관은 계속적으로 피렌체에 낙관적인 내용의 서신을 보내면서 흑사병에 따른 금지조치의 해제를 요청하였다.[13] 하지만 피렌체 보건 당국은 결정을 유보하고 있었다.

프라토의 상황이 과거 2월에 비해 개선되었다고 할지라도 불안감이 여전히 남아 있었기 때문이었다. 전염병은 다시 고개를 들면서 콘타도의 전 지역으로 확산되고 있었다.[14]

4월 초 피렌체의 보건 당국은 프라토의 상황을 조사하기 위해 주제페 모르비디를 파견하였다.[15] 모르비디의 보고서는 프라토의 요청과는 상반되는 내용을 채택하였고 금지조치는 그대로 유지되었다.

6월이 되자 전염병은 본격적으로 모습을 드러냈다. 7월 11일, 도시통치위원회는 하느님 덕분에 22일 전부터 병자도 사망자도 이 지역에서 발생하지 않았다고 발표하면서 학교를 다시 열었으며 피렌체에 금지조치의 해제를 거듭 요청하였다.[16] 이틀 후 집정관은 피렌체에 서신을 보내 프라토 통치위원회의 요청을 지지한다는 의사를 표명했다.[17] 통치위원회와 집정관은 모두 6월 19일부터 7월 13일 사이에 발생한, 사인(死因)이 의심스러운 몇 가지 사례를 의도적으로 무시하였다. 피렌체 보건 당국은 다시 한 번 모르비디를 프라토에 파견하였다. 이번에는 모르비디의 보고서 내용이 프라토의 주장에 우호적이었다. 모르비디는 프라토의 관리들이 주장한 것과 마찬가지로, 사인이

불투명한 사례들이 도시를 완전히 고립시킬 충분한 이유가 되지 못한다고 판단하였을 것이다. 7월 17일 피렌체 보건 당국은 이전의 금지조치를 철회하였다. 프라토의 주민들과 물품들이 보건통행증이 발급된 경우 피렌체로 들어갈 수 있게 되었다.[18]

한편, 콘타도에서는 전염병이 계속해서 확산되고 있었다. 보건소 관리들의 불안감도 함께 커지고 있었다. 가장 먼저 디아친토 그라미냐가 쓰러졌다. 그라미냐는 외과의사로 1631년 2월 16일부터 성 안나의 격리병원에서 병자들을 돌보고 있었다. 그는 병자들을 돌보는 입장이었을 뿐 흑사병에 걸린 적은 없었다. 하지만 그라미냐는 콘타도의 병자들이 격리병원에 들어온 후에 병에 걸렸는데, 증상으로 보아 전형적인 임파선 페스트였다.[19] 이 사실은 현대 전염병학자들에게도 관심이 가는 내용이었다. 당시 보건소 관리들은 콘타도의 흑사병을 도시를 공격한 것과는 다른 전염병(pestifera)이라고 판단하였다. 이들의 확신은 확고했다. 하지만 그라미냐는 회복되었고 8월에 전염병은 콘타도에서도 사라졌다. 1631년 9월 21일 콘프라테르니타 델 펠레그리노(Confraternità del Pellegrino)는 "격리병동에 더 이상 환자가 없음"을 통보했다.[20] 그리고 이를 기념하기 위해 도미니칸 수도회 소속의 캄파나(Campana) 신부는 두오모 대성당에서 기도회를 열고 '불'과 '종(鐘)'을 동원해 축제를 열었다.[21]

크리스토파노에 따르면, 1630년 10월과 1631년 6월 사이에 프라토에서 사망자의 수는 다음과 같았다.[22]

기간	사망자 수
1630년 10월	368
11월	317
12월	213
1631년 1월	110
2월	66
3월	30
4월	37
5월	35
6월	37

이 통계수치에는 도시 밖에 위치한 성 안나 수도원의 격리병원에서 사망한 병자들의 수가 포함되지 않았는데, 이들은 1월 14일과 6월 16일 사이에 모두 100명에 이르렀다. 6월 2일부터 콘타도의 병자들이 도시 내의 환자들만을 위한 격리병원에 수용되지 않았다는 사실을 고려한다면[23] 1630년 10월부터 1631년 6월까지 프라토에서 발생

한 1,213명의 사망자에 100명의 사망자를 추가해야 한다. 1630년 9월의 사망자 수에 대한 자료는 남아있지 않다. 하지만 대략적으로 보면 1630년 9월 1일부터 1631년 6월 말 사이에 프라토에서 약 1,500명이 죽은 것으로 추정된다.[24]

크리스토파노의 통계자료는 '전염으로 인한 사망자'와 사인이 의심스러운 자들의 경우를 포함한 것이었다. 전염병이 확산되기 이전에 프라토 도시 내의 인구는 6,000명으로 간주되었다. 따라서 흑사병은 주민의 25%를 죽음으로 몰아넣었다. 격리병원이 폐쇄되었을 때 이를 기념해 두오모 대성당에서 기도회를 열었던 캄파나 신부에 따르면 프라토의 시민들은 "악이 다른 많은 도시들을 황폐화시킨 것과는 달리 프라토 도시를 빗겨갔다"는 것을 신에게 감사해야만 하였다.[25] 사망률은 여름 기간에 흑사병의 공격을 받은 다른 도시들에 비해 매우 높았다. 벼룩이 덜 활동할 때 흑사병이 창궐한 것보다는 피해가 크지 않았을 가능성이 있다. 캄파나 신부는 이 사실을 알 수 없었다. 하지만 사람들이 신에게 감사해야 한다고 생각했다는 사실을 고려할 때 당시의 흑사병이 어떤 비극이었는지를 알 수 있다. 왜냐하면 주민의 25%가 불과 몇 개월 만에 사망했기 때문이었다.

사망률은 전체 주민에 대한 사망자의 비율을 보여준다. 치사율은 감염자와 사망자의 비율을 보여준다. 프라토에 전염병이 확산되었을 당시 치사율을 계산하는 것은 불가능하다. 하지만 격리병원의 통계수치를 보면 몇 가지 사실이 주목된다. 인명 자료가 부족한 관계로 격리병동과 관련된 수치를 활용하는 최선의 방식은 사망자와 격리병원에 입원한 자들의 관계 또는 사망자와 퇴원환자 수의 비율을 계산하는 것이다.[26]

실질적으로 결과는 동일하다.[27] 다만 격리병원에 입원한 자들의 절반은 이곳에서 사망하였다. 비율은 17세기 격리병원들의 열악한 위생 상태뿐만 아니라 오늘날 흑사병으로 인한 사망률을 고려할 때, 상대적으로 낮았다. 만약 다른 격리병원들의 유사자료가 비슷한 결과를 주지 않았다면 프라토의 통계수치에 대해 신뢰할 수 없었을 것이다. 1630년 피렌체, 엠폴리(Empoli), 트렌토(Trento) 그리고 카르마놀라(Carmagnola)의 격리병원들에서는 50%에 조금 못 미치는 비율이 기록되었다.

격리병원에 수용된 몇 명은 흑사병에 감염되지 않았을지 모른다. 즉, 피렌체와 볼로냐에서는 전염병 기간에 다른 병에 걸린 자들이나 다른 이유로 아픈 자들이 흑사병 환자들과 함께 격리병원에 수용되었을 것이다. 이러한 사례는 피렌체와 볼로냐의 경우와는 달리 프라토에서는 반복되지 않았다. 그럼에도 일단 격리병동에 입원하게 되면 흑사병에 전염될 위험은 확실하게 높아진다. 따라서 우리는 본 연구의 출발선, 즉 대략 50%의 치사율에 대한 판단으로 되돌아가야 한다. 그 이유는 흑사병으로 사망할 확률이 전염병 창궐 직후 첫 5일 동안 가장 높고, 다섯 번째 또는 여섯 번째 날 이후에는 빠르게 감소한다는 사실로 설명이 가능하다. 병의 발생은 항상 늦게 보고되며 환자들 역시 뒤늦게 격리병원으로 보내진다. 따라서 많은 병자들이 집에서 사망한다. 격리병원에 온 많은 사람들은 병의 가장 위험한 상황에서 살아남은 그룹에 속한다.

오늘날 흑사병에 대한 학술적 지식은 주로 19세기 말과 20세기 초반 인도와 만주에서 발생한 전염병들에서 기원하였다. 항생물질은 아직 발견되지 않았으며 이전 세기들에서와 마찬가지로 흑사병에 대한 적절한 치료는 없는 것이 사실이었다. 이러한 상황에서 임파선 페스트의 결과로 평균 치사율이 60~90%를 넘나들고 있었다.[28] 반면 폐 흑사병의 경우 사실상 생존율은 기록되지 않았다. 9,500명의 사례에 대한 초스키(Chosky)의 조사에 따르면[29], 봄베이에서 치사율을 다음과 같이 나타났다.

임파선 페스트	77%
폐혈증 페스트	90%
폐 페스트	97%

이러한 경험에 근거한다면 프라토의 격리병원에서는 임파선 흑사병이 발생한 것으로 볼 수 있다.

흑사병은 프라토의 모든 주민들에게 확산되지 않았다. 보건위원들 중에는 사망자가 발생하지 않았다. 보건 통행증 발급을 담당하던 노벨루치(Novellucci)는 도시의 가장 부유한 가문들 중 하나에 속한 인물이었다.[30] 그는 흑사병 기간에 살아남았으며 1648년에 사망하였다.[31] 의사들은 도망쳤다. 두 명의 의사인 라탄치오 마지오티(Lattanzio Magiotti)와 조바타 세라티(Giobatta Serrati)는 1631년 9월 말, 흑사병이 전염되던 기간에 통치위원회가 그들의 노력을 칭송했던 당시에도 생존하고 있었다.[32] 다른 세 명의 의사는 전염병이 지나간 후 서로 다른 해에 사망하였다. 피에르 파란체스코 파브루치는 1635년에, 줄리아노 로스티는 1648년에 그리고 야코포 리오네티는 1638년에 죽었다.

흑사병이 극성을 부릴 당시 빈민계층은 가장 심각한 피해에 노출되었다. 외과의사 한 명이 죽었고 시신을 매장하는 자들과 그 수행원들은 말 그대로 파리 목숨이었다. 이런저런 방식으로 흑사병에 대처했던 자들에 대한 문서들에서 목격된 다양한 사망률은 같은 시기에 도시 전체에서 기록되었다. 프라토의 집정관은 1630년 11월 25일 피렌체 보건 당국에 서신을 보내 "사망한 자들은 모두 빈자들이다"라고 보고했다.[33] 피렌체에서도 이와 유사한 사례가 론디넬리에 의해 밝혀졌다. "사악한 병마로 인해 극빈계층이 가장 심각한 피해를 입었다."[34] 이러한 사실은 예외적인 것이 아니었다. 실질적으로 흑사병은 처참한 위생 상태에서 살아가는 극빈계층에게 심각한 피해를 주었다.

1631년 10월 7일 "격리병원이 환자가 없는 상태로 남아 있어 오염된 물품들을 모두 제거해야 하기 때문에" 프라토에서는 "이를 적극적으로 추진하였다." '오염된' 물품들은 소각되었고 '상태가 좋은' 것들은 '일정 기간' 보존한다는 결정이 내려졌다. 비극적인 전염병의 마지막 흔적을 제거하는 소각행위는 엄격하게 진행되었다. 마지막으로, 남은 물품들은 "1633년 11월 8일, 집정관과 자치도시 통치위원인 필리포 리피(Filippo Lippi) 그리고 피렌체 보건 당국의 위원들이 참관한 가운데 소각되었다."[35] 거대한 불꽃을 보면서 소각의식에 참석한 사람들은 흑사병이 완전히 끝났다고 생각하였다.

에필로그

흑사병은 삶의 비극일 뿐만 아니라 경제적인 재앙도 초래하였다. 상인과 수공업자들은 지역시장의 위축과 특히 공중보건 상 격리 지역의 설정으로 외부상인들과의 접촉이나 거래가 차단되면서 심각한 피해를 입었다. 17세기 전반에 프라토는 상업과 수공업으로 매우 중요한 도시는 아니었다. 즉, 피렌체 대공국의 경제정책은 공국 내의 소도시들에는 피해를 주었던 반면 피렌체의 수공업 분야에는 매우 유리하였다. 프라토의 경우 피렌체 상인들을 위해 실크 생산이 제한되었다. 주변 도시들의 상업 및 수공업 활동에도 경쟁력을 유지하고 있던 프라토의 경우에도 흑사병은 자치도시 전체에 경제적 재앙을 불러오고 있었다.

세금 및 소득 1/10세	1626년 5월 1627년 4월	1627년 5월 1628년 4월	1628년 5월 1629년 4월	1629년 5월 1630년 4월	1630년 5월 1631년 4월
빵	12,300	12,050	11,375	11,625	11,100
고기	4,542	4,626	3,830	3,965	4,100
민사재판	3,553	2,703	3,295	3,568	3,010
포도주	3,128	3,168	3,258	3,618	2,668
무게	578	615	668	668	458
측정단위들	215	238	233	238	179
밀	970	1,005	1,060	1,080	1,030
소금	1,591	1,638	1,596	2,100	2,200
소득세(1/10)	7,103	7074	7,158	7,059	7,050
기타	10,893	10,160	11,707	10,927	9,113
총합	44,873	43,277	44,180	44,848	40,908
몬테 디 피에타 은행 에서 인출한 총액	–	–	–	5,775	7,000

[표 1] 프라토 자치도시의 수입, 1626~1631

자치도시의 주된 수입은 간접세(물품세, gabelle)와 토지세를 통해 확보되었다. 위의 [표 1]은 1626~31년에 프라토의 수입현황을 보여준다(당시의 화폐의 단위는 리레였다).[1]

　　많은 금액은 아니었으며 농산물이 정상적으로 거래되던 시기에 미세리코르디아 병원의 수입보다 낮았다. 산업화 이전 시기에 유럽에서는 오늘날 공공예산으로 간주되는 많은 공적비용이 국가나 자치도시의 행정에 속하지 않았다. 예를 들어, 프라토에서는 흑사병 기간에 격리병원의 소요예산 일부만을 지원하였다. 그리고 대부분의 예산은 병원이 자체적으로 충당해야만 했다. 만약 공적 수입이 많지 않았다면 비용도 수입에 맞게 제한되었을 것이다. 정상적인 시기에 프라토의 예산은 조금 과도하게 지출되었는데, 이는 다음의 표에서 나타난 수치로 알 수 있다.[2]

기간	수입	지출	금액(솔디)
1626.05.01.~1627.04.30	44,873	44,089	+ 　784
1627.05.01.~1628.04.30	43,277	42,483	+ 　794
1628.05.01.~1629.04.30	44,180	43,485	+ 　695
1629.05.01.~1630.04.30	50,623	48,863	+ 1,760

　　흑사병은 이러한 예산 균형을 바꾸어놓았다. 흑사병

으로 인해 도시의 수입은 10% 정도 역전되었다. 역전된 상황은 많은 물품세가 당시의 관행에 따라 고정세를 변동세로 교체하고 민간 수세청부원들에게 청부되지 않았다면 더 크게 벌어졌을 것이다. 도시 행정은 피에타 은행(Monte di Pietà)으로부터 7,000리레를 징수하였으며 이 덕분에 프라토 자치도시의 수입은 1630년 5월 1일부터 1631년 4월 30일 사이에 47,908리레에 이르렀다. 정상적인 지출은 이전 년도들의 수준인 46,721리레에 머물렀다. 하지만 정상적인 예산 지출에는 전염병으로 인한 거액의 특별예산 지출이 추가되었다. 자치도시의 서기관인 마이나르디(Mainardi)에 따르면 1631년 1월 31일에 프라토는 이미 재정담당 책임자인 안드레아 밀리오라티(Andrea Migliorati)로부터 시급한 공중보건의 상황에 대처하기 위해 1,500스쿠디(10,500 리레)를 대부하였다.[3]

마이나르디는 자치도시의 재정담당이 그토록 돈이 많은 인물이라는 것이 자치도시로서는 큰 행운이었다고 말했다. 마이나르디의 판단이 옳았다. 하지만 밀리오라티에게 돈을 빌리는 것은 일시적인 방안이었을 뿐, 근본적인 해결책은 아니었다.

1630년 9월부터 1631년 4월까지 자치도시가 공중보건을 위해 지출한 특별예산은 다음과 같았다.[4]

	리레	솔디	데나리
1630.09.05. ~ 1630.12.26. 산간 통로 경비병	2,599	1	8
1630.08.20. ~ 1631.04.30. 공중보건을 위한 차단벽 설치 등 필요한 조치	4,272	17	7
1630.09.23. ~ 1631.04.30. 프라토에서 집에 감금된 사람들을 위한 보조금	4,658	18	8
1630.12.24. ~ 1631.04.29. 콘타도의 집에 감금된 사람들을 위한 보조금[5]	922	9	4
1630.11.16. ~ 1631.04. 18. 봉급 지출	5,117	10	8
합 계	17,570	17	11

17,570리레는 1630년 9월부터 1631년 4월까지 자치도시가 실제적으로 지출한 총액이었다. 같은 기간에 프라토는 지불 연기로 인한 다른 많은 채무를 기록하였다. 4월 이후 지출은 계속되었다.

앞서 언급한 바와 같이, 안드레아 밀리오라티는 자치도시의 지출예산을 자신의 돈으로 선 지급하였다. 하지만 이 역시 한계가 있었다. 1630년 11월부터 프라토 자치도시의 행정은 피렌체 대공국에 피에타 은행(Monte di Pietà)과 프라토의 상인이 오래 전에 설립한 자선기금기구인 체포 은행(Cassa del Ceppo)에 예금했던 자금의 인출 허가를 요청하였다. 피렌체는 상황의 급박함과 심각성을 고려하여 여러 차례에 걸쳐 자금의 인출을 허가했다.[6] 1631년 말과 그 이후의 시기에 자치도시 재무의 역사는 전염병 기간에 발생한 채무를 어떻게 청산하는가의 문제로 점철되었다.[7] 당시의 모든 상황을 자세하게 설명하지는 않겠지만 산업화 이전의 사회적이고 문화적인 현상들을 알게 해주는 몇 가지 사실을 지적하는 것은 의미가 있다.

첫 번째 지적으로, 위기의 기간에 재정담당 책임자인 안드레아 밀리오라티는 규칙적으로 공공지출을 연기하였는데, 예를 들면 격리병원에 의료품을 공급하던 약재상, 오염된 것으로 판단되어 소각된 환자의복과 집기류 비용, 성 안나 수도원의 수사들에게 대여했던 주택들의 임대료 지급, 격리시설의 퇴원환자에 대한 지불금 또는 임대료와 상환금의 미지급이 그것이었다. 대부분의 경우 미지급금은 자치도시의 부채로 기록되었다. 공중보건에 종사한 자들에 대한 봉급조차도 규칙적으로 지급되지 못했다.[8] 전염병이 끝나갈 무렵 자치도시는 수년에 걸쳐 부채를 청산해야만 했다. 주목할 점은 이러한 상황이 드문 것도, 비난받을 만한 것도 아니었다는 것이다. 산업화 이전 시대의 사회에서 공공예산의 지출 확대는 현대 산업사회에서는 전문화된 기관들의 신용지출을 통해 해결되는 상황에 대처하기 위한 것이었다.

두 번째 지적은 현존하는 기록물에서 알 수 있듯이, 임기 말에 봉급자들과 관리들이 '사례금(recognitione)'을 받았는데, 이는 임금 이외에 근무의 노고에 대한 감사의 의미로서 금액은 봉사한 것의 중요성에 비례하였다. 이는 '사례금'을 기대하면서 자치도시 정부에 청원서를 제출한 사람들에 의해 시작되었다. 자치도시는 '사례금'의 지급이 합당한지를 결정하고 그 액수를 설정하였다. 한 가지 사례는 두 명의 의사인 라탄치오 마지오티(Lattanzio Magiotti)와 조바타 세라티(Giovatta Serrati)가 제출한 청원서에 대한 자치도시 통치위원회의 결정에서 볼 수 있다(1631년 9월 3일). 전염병에서 살아남은 두 의사는 통치위원회 회의에 참석하여[9] "(자신들이) 전염병이 창궐하던 기간에 봉사하면서 많은 불편과 생명의 위협에도 불구하고 모든 환자들을 차별 없이 돌보았다는 사실을 지적하면서 사례금을 요청하였다."

자치도시 통치위원회는 "얼마나 많은 수고와 노고로 봉사했는지[…] 그리고 프라토에서 다른 의사들이 전염병 환자들을 돌보려하지 않던 상황에서 자신들을 희생한 것을 치하하기 위해" 두 명의 의사에게 각각 30스쿠디를 지급하기로 결정했다.

첫 번째로 사례금을 지급받은 인물은 크리스토파노였다. 1631년 8월 중순경 격리병원이 폐쇄되기 직전, 즉 전염병의 위세가 눈에 띄게 누그러졌을 당시 크리스토파노는 보건위원의 자리에서 물러났다. 동년 8월 24일 보건소 관리들은 집정관이 참석한 자리에서 다음과 같은 사실을 의결하였다.

(우리는) 전(前) 프라토 보건소 보건위원 크리스토파노 디 줄리오 체피니(Cristofano di Giulio Ceffini)가 자신의 직무와 권한을 충실하게 수행했으며 임기가 종료된 후에도 여러 달 동안 아무런 지원이 없는 상황에서 마치 이 도시의 보건소 관리들 중 한 명인 것처럼 헌신을 아끼지 않았으며 조금

의 불평이나 불만도 제기하지 않았다.[10]

크리스토파노에 관한 안건은 만장일치 그리고 "집정
관이 찬성한 가운데" 엄숙함 속에서 통과되었다. 회의에
참석한 모든 사람들이 동의하였지만, 이를 위해 자발적으
로 돈을 내는 사람은 없었다. 전통적으로 보건위원은 보수
를 받는 공직이 아니었다. 보건위원의 직책을 위한 급여가
설정된 것은 사실이지만, 시신을 매장하는 자의 봉급보다
많지 않음을 고려한다면 실질적인 것이 아니라 상징적인
수준에 불과했다.

게다가 크리스토파노는 부유하였으며 자치도시의 재
정은 심각한 상태에 있었다. 프라토의 행정 당국은 크리스
토파노가 '사례금'에 대한 결정 그 자체에 만족해야 한다
는 견해를 피력하였다. 하지만 이들의 의중은 잘못된 것이
었다. 크리스토파노는 활동적이고 정직하며 시민의식을
갖추고 있었지만 돈이 걸린 사안에 있어서는 만만하지 않
은 인물이었다. 그는 형식적인 말에 자족하지 않았다. 수
개월 동안 단순히 상징적인 '사례금'에 대해 고민한 끝에,
1632년 봄 결심을 굳히고 청원서를 제출하여 자신이 도시

의 보건을 위해 수행한 모든 사안을 열거하면서 금전적인 보상을 요구하였다. 도시 행정은 이를 고려한 끝에 크리스토파노의 공로를 인정하여 24스쿠디의 '사례금'을 지급하기로 결정하였다.[11] 적지 않은 금액이었지만 크리스토파노는 이에 만족하지 않았다. 두 명의 의사가 '사례금으로' 각각 30스쿠디를 받았기 때문이다. 크리스토파노는 불만을 토로하였다. 돈에 있어서는 결코 양보하지 않았다. 그의 세 번째 요청은 매우 힘들게 관철되었다. 항상 그러했듯이 그의 결심은 완고했다. 이번에는 보건소에서 함께 근무했던 동료들과 함께 행동하였다. 이들 중 아무도 사례금을 받지 못했다. 그 이유는 무엇일까?

보건소 관리들은 전염병에 대항하면서 막중한 책임을 수행했으며 몇 달 동안 걱정, 피로, 위험 속에서 살았지만 아무런 보수도 받지 못했다. 이들에 비해 별로 고생하지 않은 자들은 봉급과 '사례금'을 받았다. 크리스토파노는 사람들을 설득할 줄 아는 인물이었다. 5월 말 "자신과 보건소에 함께 근무했던 동료들의 이름으로" '사례금'을 요구하는 청원서를 제출했다. 이 문건은 5월 5일 통치위원회에 상정되었지만 승인되지 않았다. 반대하는 의견이 적지 않았다. 결국 안건은 다음 회의에서 재논의 되었다.[12] 28일, 긴 논쟁 끝에 청원인 모두에게 은으로 만든 수저 6개와 포크 6개를 선물한다는 결정이 내려졌다. 하지만 이 결정은 만장일치가 아니었는데, 그 이유는 도시 통치위원회의 구성원인 '행정장관의 반대'가 있었기 때문이다.[13]

자치도시의 행정관리들은 크리스토파노의 탐욕에 불만을 토로하였다. 하지만 '사례금'의 문제는 크리스토파노의 명예에 오점을 남겼다. 돈에 대한 집착이 아니었으며 프라토에서는 단점이 아니었다. 프라토의 중심 광장에는 성인이나 가리발디(Garibaldi)의 동상이 아니라, 이탈리아의 다른 도시들에서 보듯이, 상인 프란체스코 다티니(Francesco Datini)가 손에 교환증서를 들고 서 있다. 1632년부터 크리스토파노는 미세리코르디아 병원의 경리로 근무했고[14] 1632~1633년 흑사병이 다시 발병했을 당시에는 또 다시 보건위원으로 그리고 대공을 위한 보건업무 담당 대리인으로 활동했다. 당시 그의 활동과 성과는 매우 높게 평가되었다. 그리고 이번에는 직무에서 물러나면서 24스쿠디의 '사례금'을 보상으로 받았으며[15] 후에는 말한 필을 선물로 받았다.[16] 그럼에도 크리스토파노가 금전적 보상을 위해 제출한 청원의 이야기는 이것으로 끝나지 않았다. 그는 돈에 있어서는 매우 집요하였다. 1634년 크리스토파노는 다시금 통치위원회에 서신을 보내 '사례금'을 요구했는데, 관련 문건 한 장이 프라토 국립기록물 보존소의 『보건서(Libro della Sanità)』로 분류되어 현존한다.[17] 그의 요청이 수용되었는지 그리고 그가 이후에도 이와 같은 청원서를 제출했는지는 알 수 없다. 크리스토파노는 1642년에 사망했다.[18]

인간사에서는 사소한 일들과 아무런 의미 없는 시시한 에피소드가 있기 마련이다. 하지만 이들은 역사의 대사건들이 드러내지 못하는 시대의 특징을 잘 보여주기도 한다. 디아친도 그라미냐(Diacinto Gramigna)는 1630년 10월에 죽은 외과의사 안토니오 그라미냐의 아들이었다. 다른 외과의사가 죽고 그리고 세 번째 외과의사가 흑사병 환자들의 치료를 거부하여 대안이 막막해진 상황에서 디아친토는 성 안나 수도원에 마련된 격리병원의 외과의사로 임명되었다. 그는 의사자격증을 가지고 있지 않았지만, 부친을 도우면서 의료지식을 습득하였다.

그는 1631년 2월 16일부터 병원이 폐쇄된 10월 7일까지 근무했다. 1632년 5월 6일, 통치위원회는 "전염병 치료에 병행하여 의복을 구입하고 오염된 물품들을 소각하는 일을 수행한 공로를 치하하여" 15스쿠디의 '사례금' 지급을 결정하였다.[19] 디아친토는 격리병원의 외과의사로서 8개월 동안 근무하면서 상처를 불로 소독하고 출혈을 지혈하였으며 흑사병에 걸렸지만 (그러면서도 오염된 더러운 의복을 걸친 채) 회복하였다. 의복의 값은 대략적으로 디아친도가 받은 한 달 봉급의 금액에 맞먹었다. 7개월이 지나 격리병원이 폐쇄된 후에도 그는 같은 옷을 입고 있었다. 이것은 산업화 이전 시대의 가난으로 세균의 활동과 증식을 촉진하는 원인이었다.

이탈리아 도시들이 1348년의 흑사병에 대항하여 취했던 조치들을 이 책에서 기술된 내용들과 비교한다면 흑사병이 피부에 침투하여 균을 전염시키는 방식으로 유럽을 황폐화시킨 300년 동안 공중보건의 분야에서 나타난 발전의 정도를 짐작할 수 있다. 질병의 도전에 대처하여 상설 보건기관들이 설치되고 상설 및 임시 격리병원들이 설립되었으며 보건통행증과 격리용 차단선의 사용이 도입되었다. 또한 격리기간과 소독을 위한 일련의 규정들이 구체적으로 마련되었으며 정보서비스 체계가 구축되었다.

이전의 장(章)들에서는 보건부의 모든 조치와 서신들에 대해 언급하였다. 하지만 이 모든 내용은 유식함을 드러내기 위한 의도가 아니라, 관리들의 보건 상황에 대한 조치가 얼마나 신속했는지를 보여주는 것이었다. 서신들에는 이들이 도착한 몇 시간 내에 답장이 전달되었고 관련 조치들도 늦지 않게 전달되었다. 그리고 상황을 통제하는 데 필요한 특별 관리들도 신속하게 파견되었다.

피렌체 보건 당국은 프라토의 경우에서 보았듯이, 대공국에 속한 도시들의 요구에 신속하게 대처하였다. 피렌체 국립기록물보존소에 보관되어 있는 1629~31년의 관련 기록물은 이들의 노력이 얼마나 대단하였는지를 말해준다. 수발된 서신들은 당시의 노력이 신속하고 효율적으로 처리되었음을 증명한다. 관리들은 수신된 수많은 서신들을 읽고 신속한 결정을 내린 후에 답장을 작성하는 데 많은 시간을 소비해야만 했다. 답장의 간결함 그 이면에는 자신들의 업무에 따른 보다 심각한 불안감과 불확실함, 고통과 책임감이 담겨 있었다. 이러한 부단한 활동의 결과는 무엇이었을까?

긍정적인 결과의 대부분은 보건안전선에 의한 것이었
다. 길게 늘어선 방어선에 대한 지속적이고 세심한 감찰활
동 덕분에 여러 자치도시들이 전염을 피할 수 있었다. 그
럼에도 상업활동의 규모가 크고 빈번했던 큰 자치도시들
의 경우 이러한 방어선 설정은 사실상 소용이 없었다.

　　전염병이 외부방어선을 무너뜨린다면 상황은 속수
무책이었다. 1657년 제노바에 전염병이 창궐해 전체 인
구 73,000명 중에서 55,000명이 사망한 이후 격리병원
의 책임자이자 신부인 안테로 마리아(Antero Maria da San
Bonventura)는 회의적인 태도를 드러내면서, "제노바를 이
토록 큰 악으로부터 해방시키기 위해 충분한 조치가 취해
지지 않았다. 하지만 모든 자치도시가 자유로운 대책을 마
련하는 데 노력했다고 할지라도 제노바는 이토록 큰 피해
를 피할 수 있었을까?"[20]

　　보건관리들은 보이지 않는 적과 전쟁을 벌였다. 이들
은 무엇 때문인지, 어떻게 병에 걸리는지도 모르고 있었
다. 의학적 지식은 아무런 도움이 되지 못했다. 치료는 한
심하기 그지없었다. 많은 관리들이 이러한 사실을 잘 알고
있었다. 유일한 희망은 예방이었지만 발병 원인이 알려지

지 않았기 때문에 필요한 예방조치와 행동지침을 마련하는 데 어려움이 있었다.

보건관리들이 결정한 격리기간을 고려할 때 장님이나 다름없었다. 전염이 의심스러운 자들의 경우 통상적으로 22일의 격리기간을 설정하였다. 이 기간에 대해 소수의 의사들은 승인한 반면, 다른 의사들은 이 기간이 적어도 40일은 되어야 한다고 주장했다. 오늘날의 관점에서 볼 때, 격리기간의 설정에 대한 위의 두 가지 견해는 과도하게 엄격하다. 흑사병의 확산 기간은 3~5일을 넘지 않는다. 다만 예외적으로 14일간 지속되기도 한다. 예방조치들은 보다 짧은 전염기간에 근거해서는 안 된다. 반면 전염기간이 12일 또는 14일 간 지속되는 경우는 매우 드물다. 1903년 파리 협정에서는 전염된 배에서 내린 사람들의 경우 5일간 격리하며 이후 5일이 넘지 않는 기간 동안 감시를 철저히 하도록 하였다.

보다 어려운 문제는 언제 회복기의 환자가 다른 사람들에게 더 이상 위험이 되지 않는지를 결정하는 것이다. 이와 관련해서는 타액(唾液)에 대한 박테리아 연구가 중요하다. 하지만 1903년까지만 해도 "이에 대한 충분한 고려가 없었던 것이 문제였다."[21] 17세기에 보건소 관리들은 박테리아의 존재와 박테리아 연구에 대해 전혀 모르고 있었으며 자신들의 조치가 무엇에 근거해야 하는지 조차 알지 못하고 있었다. 즉, 이들은 회복기 환자들을 적어도 40일간 격리해야 한다는 것에만 집착했으며 때로는 이를 60일에서 80일까지 연장해야 한다고 생각했다.

전염이 의심되는 자를 적어도 22일 동안 격리하는 것과 회복기 환자들을 40일간 격리하는 것은 별개의 문제였다. 첫째는 질병의 잠복기와, 둘째는 회복기 환자에 의해 전염 가능한 기간과 관련이 있었다. 반면 이와 관련하여 1630년 피렌체 보건 당국이 결정한 조치들은 혼란스러웠다. 전염이 의심되는 자나 회복기 환자 모두에게 22일의 격리기간을 적용한 것 같았다. 이러한 관행은 프라토에서도 채택되었다. 다른 자치도시 정부의 보건소 직원들 대부분과 의사들은 이러한 결정을 거부했어야 했다. 무슨 이유로 피렌체가 다른 자치도시들보다 더 느슨한 대책을 마련했는지는 알 수 없다. 어쨌든, 22일, 40일, 60일 혹은 80일 중 어떤 격리기간이 선택되었든 간에 결정의 근거는 과학적인 것이 아니라 추측일 뿐이었다. 보건소 관리들이 주목한 최대의 기준은 줄이는 것보다 예방에 집중하는 것이었다. 하지만 이러한 조치에도 불구하고 통제되지 않은 일련의 요인들이 계속해서 발생하였다.

신분이 높은 사람들 사이에서는 보건소의 규정을 지키지 않는 경우가 많았다. 또한 다른 이유들과 전혀 다른 사고들 때문에 대부분의 주민들은 모든 규칙들에 대해 불편을 느끼고 있었다.

프라토에서는 격리병원의 환자들까지도 격리규정을 지키려들지 않았다. 게다가 공중보건의 필요성에 상충되는 이해관계들이 존재하였다. 상인들은 전염병에 오염된 지역과의 교역을 금지하는 행정명령을 지키려들지 않았으며 보건소 직원들이 설정한 예방조치들을 무용지물로 만드는 예외의 특권을 획득하였다. 교회는 종교행사와 기도회를 금지시키는 행정조치들에 강력하게 반대하였다. 저명인사들의 이기주의와 천박함은 보건소 관리들을 더욱 난처하게 만들었다. 보건소 관리들 역시 당대의 전형적인 사고에 의한 미필적 희생자들이었다.

중세와 르네상스 시기 사회계층 간 구분은 도시 시민들뿐만 아니라 심지어 도시 성곽의 내부에 거주하는 자와 외부에 사는 자들 사이에서도 심각하였다. 도시 밖에 거주하는 주민들은 도시 내부에 사는 사람들로부터 부수적인 계층으로 폄하되었는데, 이는 19세기에 유럽국가의 시민들이 식민지 원주민을 바라보는 시각과 크게 다르지 않았다. 격리병원이 성 안나의 수도원에 마련되었을 때 프라토의 행정관리들은 이곳에 콘타도의 환자들을 받으려 하지 않았다. 결국 피렌체 보건 당국이 '농민들'을 위한 단호한 의지로 '공적인 이해관계'를 강조하면서 적극 개입해야만 했다. 그 결과 격리병원에는 도시 밖의 전염병 환자들이 수용되었다. 이로써 "콘타도의 전염병은 도시 내부로 매우 쉽게 확산되었다."[22]

전염병을 연구하는 학자로 유명한 알폰소 코라디(Alfonso Corradi)는 이 문제에 대해 다음과 같이 적었다.

몰수, 격리조치, 위생청소는 아무런 소용이 없었다. 실질적인 관리감독이 무질서하고 지속적이지 않았으며, 아무런 목적도 달성되지 않았고 모든 시민의 현명한 대처도 없었으며 모든 행정조치들에 대한 합의도 없었기 때문이다. 오만함, 독단적인 행동, 온갖 술책, 특권이 범위에 군림하였고

엄중한 처벌을 동반한 행정명령조차도 비웃음의 대상이었
다. 도시 내부를 대상으로 실시된 격리조치들은 아무런 소
용이 없었다. 수많은 반목들은 특히 흑사병이 발생하여 많
은 사람이 사망한 지역들에서도 예외가 아니었다. 도시 당
국의 지침들은 전염이론에 근거한 조치들이었다. 불행의 원
인은 지침들의 원칙이 잘못되었다는 사실에서 기인하지 않
는다. 오히려 이를 실행에 옮기는 데 따른 어려움과 전염이
확대되는 많은 여건들과 방식에 대한 무지함 때문이었다.[23]

위대한 의학 역사가의 판단 역시 의학적인 것이었다.
의학에 대한 무지와 대중의 협력이 없었다는 것이 문제였
지만, 경제사학자의 관점에서는 보건소 관리들의 노력이
실패한 원인이며 적절한 경제적 자원의 결핍도 중요한 원
인이었다. 크리스토파노 체피니의 역사는 감상적이며 표
본적인 것이다. 종종 그는 보이지 않는 적과의 어리석은
투쟁에서 '희망의 빛'을 상실하였다. 그와 동료들의 처절
한 노력은 무지, 어리석음, 완고한 고집 그리고 사람들의
부주의함으로 인해 물거품이 되었다. 하지만 이뿐만이 아
니었다. 크리스토파노는 많은 경우에 있어 자원의 부족으

로 인해 좌절해야만 했다. 그 자신도 적에 대해 전혀 모르는 상황에서도 본능적으로 위험을 직관하고 있었다. 가난은 선택에 영향을 주었고 필요한 보건조치들은 경제적 자원의 부족으로 인해 좌절되었다.

부록

부록 I. 보건소 인력, 봉급 그리고 삶의 수준

1장에서는 의사들에 대해 언급하였다.[1] 계속해서 전염병이 발생한 후에 등장하는 인물들에 대해서 살펴보자. 흑사병으로 인한 공식적인 첫 번째 사망자는 1630년 9월 1일 발생하였다. 10월 2일, 프라토 보건소 관리들은 피렌체 보건 당국에 흑사병이 확산되고 있다는 사실을 보고하였다. 같은 날 프라토 보건소는 산 실베스트로 병원을 격리병원으로 바꾸었고 특별보건활동을 위한 인력을 구성하였다. 첫 대상으로는 4명의 시신 매장인이 선발되었고 이들에게는 각각 월급으로 3스쿠디(21리레)를 지급하였다.[2] 이들은 시신을 매장하는 일 외에도 환자들을 격리병원으로 옮기는 역할을 하였다. 이것은 매우 유용한 방안이었지만 환자들의 마음 상태를 진정시키는 데는 별효과를 가져오지 못했다. 1주일 후, 즉 10월 9일과 10일, 관리들은 격리병동에 필요한 인력을 다음과 같이 선발하였다.[3]

1) 고해성사를 위한 신부 - 월급 16스쿠디(112리레)

2) 외과의사인 티부르치오 바르디(Tiburzio Bardi) - 월급
   13스쿠디(91리레)

3)과 4) 두 명의 보조인 - 각각 월급 8스쿠디(56리레)

5) 폐쇄된 집들에 음식을 날라주는 인부 - 월급 10리레

이렇게 해서 10월 11일, 보건소에 배속된 특별인력으
로 9명이 구성되었으며 이에 따른 프라토 자치도시의 지
출비용은 매월 409리레였다. 10월 22일, 피렌체 보건 당
국에 제출된 프라토 자치도시의 서기관이 작성한 보고서
에 따르면, 아무런 변화가 없었으며 상황 또한 안정되었다
고 할 수 없었다.[4] 시신 매장인들은 월 3스쿠디의 봉급으
로는 일을 할 수 없다고 고집하였다. 결국 10월 24일, 이들
의 월급은 30리레(4스쿠디 2리레)로 인상되었다. 이 금액은
43%의 월급 인상이었다.[5] 한편 격리병원에서는 사망자가
증가하고 있었다. 두 명의 보조인으로는 충분하지 않았다.
관리들은 동일한 월급을 조건으로(8스쿠디, 즉 월 56리레) 세
번째 보조인을 선발하기로 결정하였으며 미세리코르디아
병원으로부터 격리병원으로 보급품을 운반하는 인력을 한

명 더 고용하기로 결정했다. 새로운 인력에게는 일당으로 1줄리오(13솔디와 4데나리)를 지급하였다.[6] 10월 말, 보건소가 고용한 인력들은 보건통행증을 발급하는 자를 제외한다면 모두 11명이었으며 이들에게 지급되는 자치도시의 비용은 월 521리레에 달하였다. 하지만 심각한 상황은 이제부터였다.

11월 1일 세 명의 시신 매장인이 사망하였고 다른 한 명은 월 30리레의 월급으로는 더 이상 일을 할 수 없다고 고집하였다. 게다가 이 급여로는 세 명의 일을 모두 감당하려는 사람을 구할 수 없었다. 보건소 관리들에게는 다른 선택이 없었다. 결국 봉급을 87% 인상하여 월 8스쿠디(56리레)를 지급하는 조건으로 새로운 시신 매장인들을 고용하였다.[7]

한편, 격리병동에서 일하는 2명의 보조 인력이 병으로 쓰러졌으며 한 명이 11월 2일 사망하였다.[8] 관리들은 11월 1일 동일한 월급조건으로 다른 한 명의 보조 인력을 고용하고[9], 5일에는 또 다시 한 명을 선발하였다.[10] 두 명에게는 각각 8스쿠디(56리레)를 월급으로 지급하였다. 보조 인력들은 시신 매장인에 비해 덜 탐욕스러웠다. 하지만 시신 매장인들은 보다 낮은 월급을 받았기 때문에 보조 인력들의 그것과 동일한 대우를 요구하고 있었다. 이들은 동일한 수준의 월급을 받게 되자 더 이상 임금인상을 요구하지 않았다.

외과의사의 사망으로 인한 손실은 달리 대체할 수 있는 것이 아니었다. 11월 1일, 이미 제3장에서 살펴보았듯이, 티부르치오 바르디가 사망하였다. 보건소 관리들은 온갖 노력에도 불구하고 이를 대체할 외과의사를 구할 수 없었다.

이러한 혼란의 와중에서 생필품을 분배하는 임무를 담당한 자가 더 이상 일을 할 수 없다는 의사를 표명하였다. 아마도 죽음의 공포에 질렸을 것이다. 관리들은 그의 역할을 미세리코르디아 병원에서 격리병원으로 물품을 운반하는 자에게 위임하고 그에게 월 10리레[11] 를 더 지급하였다.[12]

총제적인 위기에 직면한 상황에서 보건소 관리들은 더 과중한 업무에 시달렸다. 반면 시민들은 이들의 지시에 순순히 따르지 않았다. 관리들은 자신들의 지시를 전달하는 '전령사'를 고용하여 지시사항을 확산시키고 위원회를 구성하여 격리병원의 각각의 문에 3명의 경비병을, 도시 성문 두 곳에도 두 명의 경비병을 배치하였다(도시의 성문 두 곳은 폐쇄되었다). 전령사와 격리병원의 경비병 3명에게는 월급으로 3스쿠디를 지급하였으며 성문의 두 경비인력에게는 각각 4스쿠디(28리레)의 봉급을 주었다.[13]

이후에도 3명의 시신 매장인이 사망하였다. 관리들은 11월 9일, 이들을 대체할 인력을 선발하였다.[14] 하지만 며칠 후 매장해야 할 시신들과 병원으로 옮겨야 할 환자들의 수가 증가하는 상황에 직면하자 4명의 시신 매장인이 충분하지 않다는 결정을 내렸다. 11월 12일, 다섯 번째 시신 매장인을 8스쿠디의 월급으로 고용했다.[15] 11월 28일에는 단 한 명만이 살아남았다. 같은 날 관리들은 다섯 명의 시신 매장인을 새로이 고용하였다. 시신 매장인의 수는 모두 6명이 되었고 이들에게는 동일한 금액이 봉급으로 지급되었다.[16] 다시 5일 후 이들 중 이미 사망한 한 명은 새로운 인력으로 대체되었다.[17] 격리병원의 보조 인력이 확보되었어도 상황은 크게 개선되지 않았다. 11월 18일, 3명 중 2명이 죽었고 이들은 다른 인력으로 대체되었다.[18]

계속해서 사람들이 죽어나가는 상황에서 봉급 지급은

상당히 안정되었다. 하지만 전령사와 물품운반자들의 봉급만은 예외였다. 11월 말 전령사의 급여는 3스쿠디(21리레)에서 30리레로 인상되었다.[19] 그리고 물품운반자의 그것은 30리레에서[20] 49리레로 인상되었다.[21]

감찰위원에게는 봉급 이외에, 그가 보건소의 지시사항이 지켜지도록 강제하는 특별한 업무를 고려하여 월 100리레를 지급하기로 결정하였다.[22]

하지만 이후 상황이 바뀌었다. 12월 13일, "신의 은총으로 도시의 보건 상황이 개선되고 있었고 업무의 노고가 감소되자", 관리들은 감찰위원의 급여를 100리레에서 70리레로 감액하였다. 전령사의 월급은 30리레에서 20리레로, 물품운반인의 경우에는 49리레에서 30리레로 축소하였다.[23] 1631년 1월 14일, 격리병원은 도시 성곽 밖의 성 안나 수도원으로 옮겨졌다. 산 실베스트로 병원의 문을 통제하는 경비병들은 해고하였지만 외과의사 1명을 새로이 고용하고 4스쿠디의 격려금과 18스쿠디(126 리레)의 월급을 지급했다.[24] 10월, 즉 관리들이 처음으로 새로운 인력들을 고용할 때 신앙고백을 위한 신부에게 외과의사의 그곳보다 높은 봉급을 지불하였다(13스쿠디 대비 16스쿠디). 반면 전염병이 끝나갈 무렵, 즉 외과의사 없이 지낸 두 달이 지난 후 보건소 관리들은 외과의사에게 신앙고백 신부의 그것보다 많은 봉급을 지급하기로 하였다. 사실상 가장 많은 월급을 받게 된 것이다.

1631년 2월 5일 서기관 마이나르디(Mainardi)는 보건소에서 일하는 자들의 명단을 피렌체에 보고하였다.[25]

	인원 수	각 인원별 월급 (단위: 스쿠디)
격리병원 보조인력	3	8
시신 매장인	6	8
신앙고백신부	1	16
외과의사	1	18
감찰위원	1	10
전령사	1	3
생필품 공급자	1	4스쿠디와 2리레
도시 성문 경비병	2	4
보건위원(크리스토파노)	1	8

전체적으로 총인원은 17명이고 자치도시의 월 지출은 975리레였다.[26]

20세기라면 이들은 마지막 날까지 일을 하면서 봉급을 받았을 것이다. 당시 토스카나 주의 행정을 돌아볼 때, 흑사병이 확산된 직후 예산지출을 축소하려는 노력은 수포로 돌아갔다. 이미 언급한 바와 같이 1630년 말부터 3명의 고용인 봉급이 감축되었다. 4월 15일, 피렌체 보건 당국은, 프라토 관리들에게 지시하여 시신 매장인의 급여를 월 5두카티(35리레)로 감액하라는 지시를 내렸다.[27] 7월 말에는 보다 강력한 감액 지시를 집정관에게 전달했다.[28]

이미 프라토에서는 전염병이 사라졌고 더 이상 지금처럼 많은 비상인력이 필요 없게 되었기에 보건소 관리들과 필요 이상으로 많은 격리병원 종사자들을 포함한 많은 인력을 감축해야 할 것이다. 이와 관련한 비용은 더 이상 지출되어서는 안 된다.

지금까지 언급한 봉급의 실질적인 가치는 무엇일까? 프라토는 매일 1줄리오(13솔디와 4데니아)를 집에 구금된 자들에게 지불하고 있었다. 이후 크리스토파노가 보건소 보건위원으로 임명되면서(1630년 12월 11일), 지출은 하루 10솔디로 감액되었다. 크리스토파노에 따르면, 10솔디의 돈으로는 "하루를 편하게 지낼 수 있었다." 하지만 그의 근검절약하는 습관을 고려할 때 '편하게'라는 표현은 말 그대로 해석해서는 안 된다.

크리스토파노의 주장에 따르면 빵을 무상으로 제공받는 빈자들의 일당이 10솔디에서 5솔디로 감액되어야했다. 빵의 값이 지출비용의 절반을 차지하는 식단은 비교적 넉넉한 식사를 의미하는데, 이는 다른 자료들을 통해서도 입증된다. 당시 프라토에서는 곡물 1스타이오(24,3리터)로 평균 44리브레(대략 15 킬로)의 빵이 생산되었다. 곡물 생산이 풍년인 해에 가격은 토지소유주들을 어려움에 빠뜨릴 정도로 낮아졌으며 1스타이오의 밀은 50솔디의 가격에 거래되었다.[29] 평년에는 밀 가격이 80솔디로 유지되었다. [30]1628년과 1629년의 흉년이 지나 1630년이되자 가격은 150솔디로 폭등했는데, 당시 500그램의 빵가격은 5솔디였다. 빵을 무상으로 지원받는 자들에 대한지원금이 10솔디에서 5솔디로 감소하자, 프라토 행정 당국은 하루 평균 빵 소비를 1인당 반 킬로로 계산하였다.

그럼 지원금 10솔디에서 빵 500그램을 구입하고 남은 5솔디의 돈으로는 무엇을 구입할 수 있었을까? 풍년의해에 포도주 1베럴은 대략 70솔디였고[31] 평년에는 160솔디로 거래되었다.[32] 1베럴은 대략 46리터였다. 1리터의 포도주는 풍년의 해에는 1과 1/2솔디에, 평년에는 3과 1/2 솔디로 거래되었다. 따라서 1리터와 반 킬로의 빵으로 구성된 하루의 식단을 위해서는 적어도 8솔디가 소비되었다. 남은 돈으로는 "야채, 식초, 기름과 소금, 즉 샐러드에 필수적인 네 가지 식재료"를 수입할 수 있었다. 로버트 달링톤(Robert Dallington)에 따르면 이는 토스카나의 주민 대부분의 경우 "최상의 식단이었다."[33]

1594년, 가격이 평균적으로 1630년의 그것보다 낮은 100%를 유지하였을 때[34], 피렌체의 여인숙에서는 "평범하게 그리고 음식을 구입하는 수고 없이 살기 원하는 자들은 한 끼에 2줄리오를 지불해야만 했으며 오래 머물 경우에는 두 끼니 이상은 지불하지 않았다."[35]

이러한 사실에 근거한다면, 1630년 경 프라토에서 가장 저렴한 식사의 비용이 하루 한 명당 10솔디였고, 이것이 집에 감금된 자의 그것에 상응한다는 결론이 가능하다.

1일 한 명당 10솔디의 비율에 따라 3명 단위의 가족은 적어도 한 달에 생존을 위한 식단의 비용으로 45솔디(대략 6스쿠디)를 지출하였다. 물론 사람은 빵으로만 살 수 없다. 의복과 주택이 필요하다. 외과의사용 의복은 15스쿠디(105리레)였다. 외과의사들은 육체노동자들에 비해 사회적 지위가 높았겠지만 부유한 계층은 아니었다. 월세는 민감하게 가변적이었다. 프라토는 의사들에게 주택비용으로 연간 126리레, 즉 월 10리레 정도를 지급하였다. 하지만 의사들은 상류계층으로 간주되지 않았다. 직인 노동자나 수공업 노동자 가족당 월세는 1또는 2리레를 넘기 힘든 것이 현실이었다.[36]

지금까지 설명한 내용을 고려할 때 당시 삶의 수준은 처참하였다. 시신 매장인이나 병원 보조 인력의 최대 봉급에서 새로 2혹은 3리레를 제하면 세 명을 위한 빵, 포도주 그리고 채소를 구입하기에도 빠듯하다. 이에 대해 로버트 달링톤은 다음과 같은 사실을 증언하였다.[37]

극빈자들의 경우 연중 주요 음식은 야채였다[…]. 채소는 토스카나 주의 주민들에게 가장 보편적인 음식이었으며 식탁에서는 샐러드가 우리의 경우 소금만큼이나 익숙하였다[…]. 육류를 한 마리의 말로 운반할 정도로 먹는다면 풀과 뿌리는 마차 10대의 분량을 소비했다.

달링톤은 1596년 프라토의 서기관과 나눈 대화에 대해 언급하였다. 달링톤은 "그의 말에서 이해력이 빠르고 업무에 대한 이해력이 매우 높다는 사실을 알게 되었다"고 하였다. 서기관은 방문자에게 육류의 소비세로 1리브라당 5데나리의 세금을 부과하였으며 "프라토와 이 도시의 사법권은 평년에 대략 1,000두카티(7,000리레)의 수입을 거두었다. 이것은 연간 336,000리브레의 육류 소비를 의미한다(114,072킬로그램). "인구가 16,000명인 점을 고려하면" 연간 육류 소비는 1명당 21리브레(7킬로그램)에 해당한다. "뉴게이트(Newgate) 시장과 (런던의) 산 니콜라 정육점이었다면 누구도 상상하거나 믿을 수 없는 양이었다."[38]

달링톤이 언급한 수치는 모두 추정에 불과하다. 1860년에도 개인당 소고기와 돼지고기 평균 소비량은 이탈리아의 경우 10킬로그램 미만이었다.

물론 달링톤이 언급한 16,000명에는 어린아이들도 포함되었다는 사실과 산업화 이전 시대에서는 어린아이들의 수가 상대적으로 많았다는 사실을 무시해서는 안 된다. 그 외에도 1596년 프라토 서기관이 지적한 수치에는 정원에서 사육된 닭과 비둘기처럼 시장을 거치지 않고 생산되고 소비된 육류가 포함되지 않는다. 같은 맥락에서 생선도 포함되지 않는다. 하지만 연간 1명당 육류 소비 7킬로그램을 2배로 늘린다고 해도 상당히 낮은 수준이다. 이러한 조사 결과는 인구의 대부분이 비참한 상태에서 살아가고 있으며 "부유한 자들이 예외적이고 믿기 힘든 검소한 삶"을 살고 있음을 보여준다. 토스카나 주에서 빵과 포도주 그리고 샐러드는 "절약하는 마음을 가진 부자들과 다른 선택의 가능성을 가지고 있지 못한 빈자들 그리고 종교인들 대부분의" 식탁을 지배하고 있었다.[39]

정상적인 가격이 유지되던 시기에 평범한 사람들에게는 가족 구성원 1명의 노동으로는 4명의 가족을 유지할 수 없었다. 어떤 방식으로든 부인과 자식은 정상적이지 않은 일이라도 해서 집에 몇 푼의 돈이라도 가져와야 했다. 소수의 특권자들을 제외할 경우 일상의 삶은 비참하였다. 사람들은 생존을 위한 충분한 음식이라도 있었다면 행복했을 것이다. 맛있고 충분한 식사는 특별한 행사나 다름없었다. 단지 특별한 경우에만 이와 유사한 사치를 맛볼 수 있었다. 의복을 얻는 것도 매우 특별한 일이었다. 에필로그에서 이미 언급한 바와 같이 프라토의 격리병원에서 일하던 외과의사는 매일같이 항상 같은 옷을 걸친 채 환자들과 함께 생활하였으며 흑사병이 끝난 후에도 갈아입을 옷이 없었다. 생명을 무릅쓰고 격리병동에서 일하면서 받은 월급은 18스쿠디였는데, 새로운 의복의 값은 15스쿠디였다. 도시의 통치위원회가 특별 '격려금'의 명목으로 몇 푼의 돈을 주기도 했다. 이것도 봉사기간이 끝난 후 몇 달이 지나야 받을 수 있었지만 이런 기회가 있어야만 외과의사는 낡은 옷을 대신해 새 옷을 구입할 수 있었다. 평범한 사람은 낡고 더러운 옷을 입고 다녔으며 소수의 사람만이 잘 먹고 잘 입을 수 있었다.

부록 II. 격리병동에 대한 통계수치

크리스토파노는 자신이 저술한 『보건서(*Libro della Sanità*)』의 cc. 59-63에서 성 안나 수도원의 격리병원에 입원한 환자들의 이동 상황에 대한 수치를 언급하였다. 그는 일상적으로 수용된 환자와 사망자, 퇴원자 그리고 현재 입원중인 환자들의 수를 기록하였다. 수치는 [표 1]과 같으며 해당기간은 1631년 1월 14일부터 6월 16일까지였다.

식료품은 미세리코르디아 병원에서 격리병원으로 전달되었다. 매일 아침 보건위원은 어음이나 배달전표에 근거해 조달된 식량을 병원에 공급하였다. 배달전표에 기초해 크리스토파노는 식사를 제공해야 할 환자들의 수를 표시하였다. 이를 통해 그가 무슨 이유로 일상적으로 격리병원의 환자 이동상황을 통제했는지를 알 수 있다.

1631년 1월 14일은 성 안나 수도원 격리병원이 운영되기 시작한 날이었다. 같은 해 6월 17일 이곳에는 아직도 몇 명의 환자가 남아 있었다. 하지만 이미 언급한 이유로

이 격리병원의 운영은 베네란다 콘프라테르니타 델 펠레그리노에 넘겨졌다. 이렇게 해서 크리스토파노는 좋은 음식을 제공하는 자신의 임무로부터 해방될 수 있었으며 아울러 자신의 통계작성을 그만두었다.

[표 1] 프라토 성 안나 격리병원의 수용환자, 사망자 그리고 퇴원자 수

일자	수용환자	사망자	퇴원한 요양환자	현재 인원
(1월) 14	–	–	–	43
15	–	–	–	43
16	–	–	–	43
17	2	–	–	45
18	2	–	–	47
19	1	–	–	48
20	–	2	–	46
21	2	–	–	48
22	–	–	–	48
23	3	–	–	51
24	–	1	–	50
25	1	–	–	51
26	–	–	–	51
27	–	1	–	50
28	–	1	–	49
29	2	1	–	50
30	2	–	–	52
31	6	–	–	58
(2월) 1	–	1	15	42
2	–	1	–	41
3	–	–	–	44
4	–	1	–	43
5	–	–	–	43
6	–	–	–	43
7	4	1	–	46
8	–	2	–	44
9	–	1	–	43
10	–	–	–	44
11	3	3	–	44
12	3	1	–	46
13	5	–	–	51
14	3	2	–	52
15	–	–	–	52
16	–	–	–	52
17	3	2	–	53
18	–	–	–	53
19	–	2	–	51
20	–	–	–	51
21	–	–	–	51
22	–	1	–	50
23	–	–	–	50
24	–	1	–	49
25	–	–	–	49
26	–	–	–	49
27	–	4	–	45
28	–	–	–	45
(3월) 1	–	–	–	45
2	–	–	–	45
3	–	–	–	45
4	–	–	–	45
5	–	–	–	45

일자	-수용환자	사망자	퇴원한 요양환자	현재 인원
6	2	–	–	47
7	3	–	–	50
8	2	1	–	51
9	2	2	–	51
10	–	1	–	50
1	5	–	–	55
12	–	2	11	44
13	1	–	–	45
14	2	1	–	46
15	–	–	–	46
16	1	–	–	47
17	–	–	–	47
18	–	1	–	46
19	–	–	–	46
20	1	–	–	47
21	–	–	–	47
22	–	3	14	30
23	–	1	–	29
24	1	–	–	30
25	–	1	–	30
26	1	–	–	31
27	1	–	–	32
28	2	1	–	33
29	4	1	–	36
30	–	2	–	34
31	–	2	–	32
(4월) 1	2	2	–	32
2	–	–	7	25
3	1	3	–	26
4	–	–	–	26
5	1	–	–	27
6	1	1	–	27
7	–	1	–	26
8	–	1	–	25
9	3	2	–	25
10	–	1	–	24
11	2	–	–	26
12	2	–	–	28
13	–	–	9	19
14	2	1	–	20
15	1	2	–	19
16	1	1	–	19
17	2	1	–	20
18	–	1	–	19
19	1	–	–	20
20	3	1	–	22
21	1	1	–	22
22	–	–	–	22
23	2	–	–	24
24	–	–	–	24
25	2	3	–	23
26	–	1	–	23

일자	수용환자	사망자	퇴원한 요양환자	현재 인원
27	–	–	–	23
28	1	–	–	24
29	–	2	–	22
30	1	–	–	23
(5월) 1	2	1	–	24
2	1	1	–	24
3	–	1	–	23
4	2	–	–	25
5	–	–	6	19
6	–	–	–	19
7	1	–	–	20
8	2	1	–	21
9	–	2	–	19
10	2	–	–	21
11	–	2	–	19
12	1	–	–	20
13	1	1	–	20
14	–	1	–	19
15	1	–	–	19
16	–	–	–	20
17	–	1	–	19
18	1	–	–	20
19	1	–	–	20
20	–	1	–	19
21	2	–	–	21
22	2	–	–	21
23	1	–	–	22
24	–	1	–	21
25	–	1	–	20
26	–	1	–	19
27	2	–	–	21
28	–	1	–	20
29	2	1	–	21
30	–	–	10	11
31	3	–	–	14
(6월) 1	1	1	–	14
2	4	–	–	18
3	–	1	–	18
4	–	1	–	13
5	6	1	–	18
6	3	1	–	20
7	5	5	–	20
8	1	1	–	20
9	2	–	–	22
10	3	1	–	24
11	3	–	–	27
12	–	–	–	27
13	4	1	–	30
14	–	–	–	30
15	1	1	–	25
16	1	1	–	30

크리스토파노가 프라토 격리병원의 환자 이동상황에 대해 작성한 위의 통계는 수치상 단 하나의 실수도 찾아 볼 수 없다. 이것은 우리에게는 당연한 것처럼 보일지라도 당시로서는 매우 특별한 것이었다.

격리병원에서 사망한 환자의 수와 자신들의 집에서 사망한 자들의 수를 비교하는 것은 1월 14일부터 5월 31일로 제한되는데, 그 이유는 6월 초부터 성 안나의 격리병원에 콘타도의 환자들이 유입되었기 때문이다. 아래의 자료는 비교 상황을 보여준다.

	프라토의 사망자 수	성 안나의 격리병원에서 사망한 환자 수	전체 사망자 수	전체 대비 성 안나의 사망자 수 비율
1월 14–31일	57	6	63	10
2월	66	23	89	26
3월	30	16	46	35
4월	37	20	57	35
5월	35	17	52	33
합계	225	82	307	27

부록 III. 격리병동의 식료품 현황

크리스토파노뿐만 아니라 다른 문헌들은 격리병원의 환자들과 벽을 쌓아 고립된 집들의 회복 환자들이 같은 수준의 음식물, 난방 그리고 다른 필수품들을 공급받지 않았다는 사실을 지적한 바 있다. 이러한 불평은 콘프라테르니타 델 펠레그리노(Confraternita del Pellegrino)가 격리병원과 회복 환자들을 위한 집들에 대한 행정에 개입하기로 결정했다는 것을 통해 사실로 확인되었다. 그럼 이에 대해 좀더 자세하게 알아보자.

크리스토파노의 통계에 따르면(부록 II, [표 1 참조]), 1631년 1월 14일부터 6월 16일까지 성 안나 수도원의 격리병원에서는 모두 5,188일의 요양기간이 기록으로 남겨졌다.

미세리코르디아 병원의 수입과 지출에 관한 문건을 보면 1630년 10월 1일부터 1631년 6월 30일까지 병원은 총 10,937일의 요양기간에 해당하는 식료품을 공급하

였다.[40]

병원의 통계자료가 10달의 기간에 해당한다면, 반면 크리스토파노 체피니의 통계자료는 단지 6개월뿐인데, 1630년 10월 1일부터 12월 31일까지의 시기는 전염병이 가장 극성을 부리던 기간이었다. 그 이외에, 병원의 통계자료는 1630년 10월초 타볼라(Tavola) 마을에 가족들과 함께 격리되었던 몇 명의 흑사병 환자들을 포함하며, 병원의 통계자료와 크리스토파노 체피니의 통계자료 간에는 큰 차이가 없어 보인다.[41]

병원의 행정 기록에 따르면 병원은 10,973일의 요양 기간을 위한 식료품을 공급하였다.

빵	리브레	15,973	=	5,423	킬로그램
포도주	피아스코 병	2,108	=	4,785	리터
육류	리브레	7,262	=	2,465	킬로그램
건포도	리브레	84	=	29	킬로그램
식초	피아스코 병	32	=	72	리터
계란	n.	1,289			
기름	피아스코 병	24	=	50	리터
소금	리브레	148	=	50	킬로그램
닭	n.	18			

격리병원에서 필수적인 식품 재료는 빵, 포도주, 육류였다. 10,973일에 근거하면 개인당 하루 소비량은 다음과

같이 추정된다:

빵: 대략 500그램

육류: 대략 225그램

　　포도주의 경우 알 수 없는 이유로 1631년 1월 26일부터 3월 19일까지 공급되지 않은 것으로 추정되지만 나머지 기간에는 규칙적으로 공급되었다. 만약 소비한 4,785리터를 10,973일로 나누면 평균 하루 1명 당 0.436리터가 소비되었다. 하지만 포도주가 지급되지 않은 약 2달의 기간을 제외하면 소비량은 포도주가 실질적으로 소비된 기간 동안(대략 6개월 반) 감소하였다. 따라서 합리적으로는 이 기간에 일상적인 소비량은 1명당 1/2리터를 조금 넘는다.

　　이 수치를 고려한다면 단백질은 충분히 공급했겠지만 비타민은 그렇지 못하였을 것으로 추정해 볼 수 있다. 그 이외에도 당시의 빵이 지금의 그것보다 칼로리가 조금 더 많았다고 할지라도 당시의 식품이 하루 1명당 필요한 1,560칼로리를 넘었다고는 말하기 힘들다.

　　성 안나의 격리병원에 입원한 환자들의 식품 관련 통

계를 어느 정도까지 신뢰할 수 있는지는 알 수 없다. 이상에서 언급한 칼로리보다 적은 열량으로 생존할 수 있다고 말하는 것은 불가능하다. 게다가 격리병원의 생활 여건에 대한 불평은 이상에서 언급된 통계자료들의 신빙성이 빈약하다는 사실을 암시한다. 병원에서 공급한 모든 것이 격리병원에 그대로 전달되었다고는 할 수 없다. 평균적인 수치 역시 필수적인 식량의 경우에도 의미하는 바가 매우 약하다. 포도주는 거의 2달 동안 공급되지 않았고 크리스토파노가 지적했듯이, 회복기의 요양환자들은 한 차례 이상에 걸쳐 식사를 제공받지 못한 바 있었다. 지금으로서는 병원에 입원한 환자들의 실제적인 수가 돌보아야 할 환자들의 수치와 어느 정도까지 일치하는지는 알 수 없다.

병원의 상황에 대한 불만이 식사량이 줄어든 것, 비품 부족(침대, 매트리스, 담요 등), 불충분한 난방 그리고 의료품 부족에 대한 저항을 반영하고 있다는 사실은 주목할 가치가 있다. 특히 의료품은 별다른 효과는 없는 것이었지만 심리적인 효과를 가지고 있었다. 이 경우에서도 주관적인 판단과 객관적인 판단을 구분하는 것은 항상 어려운 일이다.

부록 IV. 요양병원에 대한 통계

　　[표 2]는 크리스토파노의 저서를 참고해 요양병원의 환자 이동 상황에 대한 자료를 정리한 것이다(cc. 64v.-66v.). 하지만 요양환자들에 대한 자료는 그의 저서의 여러 부분에서 볼 수 있다. cc. 59-63의 경우, 크리스토파노는 (요양시설로 옮겨진 것으로 추정되는) 격리병원 퇴원 환자들의 수에 관한 정보를 제공한다. 그리고 모금한 자금의 회계처리에 관한 내용에 따르면 크리스토파노는 각 퇴원 환자에게 (돈이 남아 있는 한) 10솔디를 제공하였다.

입원환자의 수	입원 일자		퇴원 일자		요양소에 머문 기간
14	1월	31일	2월	8일	8
5	2월	9일	2월	26일	17
12	2월	26일	3월	12일	14
14	3월	12일	3월	22일	10
7	3월	23일	4월	2일	10
10	4월	2일	4월	12일	10
6	4월	13일	5월	5일	22
18	5월	6일	5월	30일	24
16	7월	2일	7월	28일	26
21	7월	30일	8월	14일	15

[표 2] 요양환자들의 요양시설 이동 현황

이론적으로, 격리병원의 통계를 통해 얻어진 결론은 요양시설의 통계수치에 포함되어야 한다. 그리고 후자의 수치는 크리스토파노가 지급한 생계보조금 장부에서 언급되어야 한다. 실제로 2월 8일과 5월 5일 사이에 퇴원한 요양환자의 수와 생계보조금을 받은 자들의 수는 완벽하게 일치한다. 따라서 상황은 매우 혼란스럽다. 18명이 5월 30일 퇴원했지만 생계보조금은 당일에 지급되지 않았다. 7명의 요양환자에는 6월 28일 생계보조금이 지급되었고 10명에게는 7월 23일에 지급되었다. 7월 28일에는 16명이 퇴원했지만 다음 날 6명에게만 생계보조금이 주어졌다. 이러한 불일치의 이유는 쉽게 짐작할 수 있다. 6월 말 크리스토파노의 자금은 모두 소진되었으며 그 자신은 '돈이 남아 있는 한' 생계보조금이 규칙적으로 지급되었다고 설명하였다. 돈이 모두 소진되었을 때 그는 자신의 돈으로, 생계보조금 수혜자들의 반복적인 재촉이 있자 최대한 늦게 이를 대신 지급하였다. 아마도 몇 명에게는 이후에도 지급되지 않았을 것이다.

	환자 수	
	격리병원 퇴원환자 수	요양시설 입원환자 수
1월 31일	–	14
2월 1일	15	–
2월 9일	–	5
2월 26일	–	12
3월 12일	11	14
3월 22일	14	–
3월 23일	–	7
4월 2일	7	10
4월 13일	9	6
5월 5일	6	–
5월 6일	–	18
5월 30일	10	–

격리병원과 요양시설에 대한 통계자료는 거의 일치하지 않는다. 서로 다른 출처의 자료에 대한 비교는 아래와 같다:

자료들 간의 차이가 일별로 드러난다면, 그것은 기록의 필요성 때문일 수 있다. 실제로 어느 특정한 날 밤, 격리병동에서 요양환자가 나온다면, 이 환자는 다음 날 식품공급과 관련해 요양시설의 환자 목록에 등록되었다.

반면 요양환자들의 수가 달라지면 이는 수정되어야 한다. 차이는 격리병원에서 퇴원한 환자들이 요양시설에 입원한 환자들보다 더 많을 경우 어렵지 않게 설명된다. 실제로 몇 사람은 필요 이상의 기간 동안 격리병원에 머물렀는데, 그 이유는 새로운 의복을 제공하는 데 필요한 돈이 부족하였기 때문이다. 격리병원에 필요 이상으로 머무른 후에 퇴원한 경우에는 곧바로 집으로 보내졌다. 게다가 때로는 요양시설의 상황이 식료품 부족으로 어려움을 겪는 경우도 있었는데, 이 경우 크리스토파노가 격리병원의 환자들을 집으로 보냈다고는 보기 힘들다.

그럼에도 통계자료를 통해서는 요양시설에 입원한 환자들이 격리병원에 입원한 환자들보다 더 많기도 하였다는 사실이 드러났다. 따라서 병에 걸린 기간에 개인들은 자신들의 집에 억류되어 있었다고 추정해 볼 수 있다.

하지만 이러한 모순에도 불구하고 크리스토파노의 통계수치에 대한 신빙성이 떨어진다고 말할 수는 없다. 오히려 이것은 크리스토파노가 환자들과 요양환자들을 치료하기 위해 (항상 정상적인 것은 아니었지만) 전문가들에게 도움을 요청해야만 했던 많은 어려움에 대한 증거가 아닐까 한다.

부록 V. 프라토의 폐쇄된 집들

크리스토파노는 자신의 저술에서 프라토에서 전염병에 감염된 자들을 강제로 감금하는 폐쇄된 집들에 대한 자료도 제공한다. 통계수치는 두 가지로 구분되는데 첫 번째 (cc. 1-18)에서는 크리스토파노가 보건위원에 임명된 후에 다시 개방했던, 폐쇄된 집들의 수를 그리고 두 번째(cc. 19-28)에서는 그가 보건위원으로 활동하던 기간에 존재하던 폐쇄된 집들의 수를 알 수 있다.

1630년 12월 11일, 크리스토파노가 보건위원일 당시 프라토에는, 그가 제공한 수치를 참고할 때, 내부에 223명이 수용된 77개의 집들이 폐쇄된 상태였다. 이미 언급한 바와 같이, 이들 중 몇 명은 불법적으로 22일 이상의 격리기간 동안 폐쇄된 집안에 머무르고 있었다. 이 때문에 크리스토파노는 격리기간이 지난 직후 또는 기간을 넘긴 경우 폐쇄된 집들을 다시 개방하기 위해 서둘렀다. [표 3]은 크리스토파노의 자료를 종합한 것이다.

일자			재공개된 주택 수	폐쇄된 주택에 격리된 주민 수
1630년	12월	11일	13	25
		15일	9	27
		20일	10	31
		21일	9	24
		22일	6	22
		24일	2	4
		27일	3	4
		29일	7	24
1631년	1월	2일	4	7
		3일	4	13
		6일	1	4
		7일	2	5
		8일	1	3
		9일	2	8
		10일	1	2
		12일	1	3
		16일	1	5
		18일	1	2
		합계	77	223

[표 3] 크리스토파노 보건위원이 재개방한 주택 수(1630.12.11.~1631.01.18.)

폐쇄된 집들에 격리된 가족의 수는 다음과 같다:

주택 수	주택에 격리된 사람 수
10	1
23	2
21	3
12	4
10	6
1	5

위의 표에서는 모든 집에 격리된 사람들의 평균 인원이 3.2명으로 나타난다. 평균가치(valore mediano)는 3이며, 정상적인 가치(valore modale)는 2이다. 하지만 중요한 것은 많은 가정들에서 이미 사망자가 속출하였거나, 한두 명이 격리병원에 입원했으며 그리고 사망자 발생의 원인들이 감금에서 기원한다는 사실이다. 따라서 핵가족의 평균 가족 수는 전염병으로 인해 왜곡되었다. 어쨌든 프라토에서는 가족의 평균 구성원 수가 상대적으로 적었다는 것은 상당히 인상적이다.

1630년 12월 11일부터 대략 한 달 동안 크리스토파노는 폐쇄된 집들을 개방하는 일에 몰두하였다. 그리고 그는 1631년 1월 11일 집들에 대한 폐쇄를 시작했다. 폐쇄된 집들과 그 속에 강제로 머물고 있는 주민들에 관심이 크지 않았던 이유는 경제적인 것이었다. 격리된 사람들에게 생필품을 공급하고 정확한 수를 파악해야만 했다. 그럼에도 크리스토파노가 보건위원이 된 직후 스스로 생활할 수 있는 사람들에게 또는, 가난 때문에 격리병원에 입원하기를 거부한 사람들에게는 지원을 금지하는 규정이 마련되었다. 그 결과 크리스토파노는, 모든 폐쇄된 주택들에

대한 관심에도 불구하고, 생계보조금을 지급받고 있는 집
들의 경우만 주민의 수를 기록하였다. [표 4]는 그의 통계
수치를 보여준다.

기간	폐쇄된 주택 수		합계	보조금을 받는 주택들에 머물고 있는 주민 수
	보조금을 받는 주택 수	보조금을 받지 않는 주택 수		
1631년 1월 11-31일	23	2	25	73
2월 1-28일	13	9	22	54
3월 1-31일	16	5	21	51
4월 1-30일	17	5	22	53
5월 1-31일	16	4	20	40
6월 1-30일	20	1	21	54
중간 합계	105	26	131	325
7월 1-31일	7	1	8	24
8월 1-31일	3	0	3	5
9월 1-30일	1	1	2	5
10월 1-24일	4	1	5	20
전체 합계	120	29	149	379

[표 4] 폐쇄된 주택 수(1631.01.11.~10.24.)

(크리스토파노는 1631년 8월 중순 보건위원 직에서 물러났다.
하지만 자신의 저술에서 10월 24일까지 폐쇄된 주택의 수를 기록하
였다. [표 4]에는 6월 말 중간 합계가 기록되었는데, 그 이유는 당시
에 흑사병이 실질적으로 끝났기 때문이다)

생계보조금을 받은 주택 120채에 격리된 사람들의 수는 다음과 같다.

주택 수	주택에 격리된 주민 수
17	1
36	2
23	3
25	4
7	5
6	6
4	7
–	8
–	9
1	10
1	11

폐쇄된 주택에 격리된 사람들의 평균 숫자는, 120채를 기준할 때, 3.2명, 평균 가치는 3, 정상 가치는 2였다. 가치는 정확하게 1630년 12월 11일부터 1631년 1월 18일 사이에 크리스토파노가 재개방한 주택들의 경우에 해당한다. 하지만 이 경우에도 위의 수치가 구성원들의 수에 흑사병이 미친 여파라는 점을 기억할 필요가 있다.

주택들의 폐쇄는 이곳에 살고 있는 사람들에게 흑사병으로 인한 죽음의 불행이 끝난 것을 의미하지 않았다. 쥐나 벼룩 같은 감염원은 항상 존재하고 있었다. 전염병은 이미 다른 사람들에게도 전염되었다. 다른 자료들은 이러한 사실을 보여준다. 1월 14일, 크리스토파노는 7명이 살고 있는 2채의 주택을 폐쇄하였다(한 채의 주택은 1월 25일 폐쇄되었다). 그리고 다른 4채의 주택은 2월 2일 폐쇄되었다. 이들이 모두 사망한 것은 분명하다. 1631년 1월 20일, 7명이 거주하는 2채의 주택이 폐쇄되었다. 1월 28일에 이들 중 한 명이 격리병원으로 보내졌고 2월 3일에는 6명이 격리병원에 격리되었다. 한 주택이 "흑사병에 감염되었다"는 것은 결코 수사학적인 표현이 아니라 실제적인 것이었다.

폐쇄된 주택들 전체 중 생필품을 공급받는 주택의 비율은 149채 중 129채로 높았다. 이 수치는 사람들 중 80%가 일상의 노동 수입으로 살아가고 있으며 저축한 돈도 없고 노동 이외의 다른 수입원이 없다는 것을 의미한다.

크리스토파노가 보건위원일 당시 이미 폐쇄된 집들의 수는 77채였고, 여기에 그가 1631년 6월 말까지 전염병 기간 동안 폐쇄한 131채(105채의 주택은 생필품을 공급받았고 26채는 아무런 원조도 받지 못했다)를 추가하면 총 208채에 이르렀다.

크리스토파노에 따르면, 그의 보건위원 임기 기전에 이미 폐쇄된 상태였던 77채의 주택 중 몇 채는 22일 이상의 기간 동안 격리되었다. 전체 208채의 주택은 1630년 11월 중반에서 1631년 6월 말까지의 기간에 해당하는 통계수치이다. 이 기간에 프라토 자치도시에서 사망자 수는 707명에 이르렀고, 추가로 자치도시 밖에 위치한 성 안나 수도원의 격리병동에서는 100명이 사망했다. 사망자 수를 폐쇄된 주택의 수로 나누면 주택당 3.9명이 사망한 것으로 드러났다. 프라토의 가정 수가 적은 것에 근거할 때 그리고 전염된 모든 사람이 죽은 것이 아니라는 사실을 고려한다면 주택당 3.9명의 평균 사망자 수는 지나치게 높아 보인다.

따라서 다음의 사실을 추정해 볼 수 있다:

a) 전체 사망자 수에는 죽음이 가족의 격리로 이어지지 않은 사망자들이 있었을 것이다. 아마도 프라토에 그 수가 매우 많았던 사제와 수도승 그리고 상인들로 추정된다.

b) 단지 한두 명으로 구성된 핵가족의 경우 구성원 전체는 흑사병 초기에 모두 사망하였을 것이다. 이 경우, 비록 사망자 수가 분명히 증가했겠지만, 크리스토파노는 폐

쇄된 집들 중에서 모두 사망하여 아무도 살지 않는 주택을 고려하지 않았다.

그럼에도 이러한 수치는 단지 가설일 뿐이다.

격리기간 동안 집에 강제로 머물렀던 주민들과 격리기간에 성 안나의 격리병원에 입원했던 주민들의 수를 비교하는 것은 흥미로울 것이다. 하지만 실제로 이것은 불가능한데, 그 이유는 집에 강제로 격리된 주민들 중 일부가 이후 격리병원으로 옮겨졌기 때문이다. 따라서 두 부류의 자료들에서 드러난 반복적 수치는, 주민들의 이름이 동반된 명단이 없는 관계로, 분석이 불가능하다.

부록 VI. 프라토 자치도시의 사망률

크리스토파노는 자신의 저술에서(cc. 67-82), 1630년 10월 1일부터 1631년 11월 30일까지 프라토 자치도시의 성곽 내에서 사망한 자의 수를 매일 같이 기록하였다. 월간 사망자 수는 다음과 같다:

1630년 10월	368	6월	37
11월	317	7월	5
12월	213	8월	4
1631년 1월	110	9월	3
2월	66	10월	6
3월	30	11월	5
4월	37		
5월	35	전체 합계	1,236 명

자치도시의 전염병은 6월 말에 수그러들었다. [표 5]에서 언급된 사망자 수는 단지 1630년 10월 1일부터 1631년 6월 30일까지의 수치에 해당한다. 통계수치는 프라토 자치도시 밖에 위치한 성 안나 수도원의 격리시설에서 사망한 자의 수를 포함하지 않는다. 이러한 사실은 어떤 날

의 경우 도시 내에서는 사망자가 발생하지 않았지만 격리 시설에서는 사망자가 발생하였기 때문이다(예를 들어 2월 27일; 3월 10일, 29일 31일; 4월 14일, 20일, 25일 등).

일자	10월	11월	12월	1월	2월	3월	4월	5월	6월
1	6	5	6	2	2	1	5	1	2
2	12	6	3	-	2	1	-	1	3
3	24	8	15	4	1	2	-	1	-
4	7	6	6	6	1	1	-	1	4
5	8	-	9	8	3	2	-	1	2
6	17	11	2	-	1	-	1	-	1
7	13	22	14	7	3	2	1	-	3
8	14	16	10	-	6	1	1	1	2
9	10	10	3	10	2	2	-	2	-
10	11	13	10	3	2	-	5	2	1
11	2	15	4	2	5	-	2	2	-
12	6	1	14	6	3	-	1	-	2
13	15	2	10	5	2	-	2	1	2
14	12	10	16	3	3	1	-	1	3
15	14	13	7	9	1	-	2	-	-
16	13	17	-	5	1	2	1	2	1
17	4	14	11	6	3	-	3	2	1
18	19	13	3	4	1	2	1	-	3
19	15	15	-	1	3	-	1	1	-
20	14	9	10	2	-	1	-	1	1
21	15	7	12	2	2	-	1	-	2
22	8	10	4	3	2	3	1	1	-
23	21	11	2	1	2	2	2	3	2
24	8	11	1	2	5	-	2	1	2
25	10	10	3	3	2	1	1	-	-
26	13	15	2	2	-	-	1	1	-
27	18	14	9	2	-	1	-	1	-
28	16	9	13	3	3	2	1	2	-
29	3	10	9	6	-	-	1	4	-
30	9	14	3	1	-	2	1	2	-
31	11	-	2	2	-	1	-	-	-
합계	368	317	213	110	66	30	37	35	37

[표 5] 프라토 자치도시의 사망자 수(1630년 10월 1일부터 1631년 6월 30일까지)

1634년 또는 1635년 경 자치도시의 정부에 보낸 한 청원서에서 크리스토파노는 제 3자의 입장에서 다음과 같은 사실을 언급하였다.

흑사병 당시에 보건소 관리와 보건위원으로서 많은 규정과 조치들을 이행하였다. 이를 책으로 쓰는 데 활용하였다. 책에서는 이 극적인 기간에 발생한 모든 사건들과 지시들을 기술하였다. 그(크리스토파노)는 이 책을 보건소 관리들에게 보여주면서 집정관 모렐리와 서기관 마이나르디에게 서기국(cancelleria) 내에 공중보건을 위한 기구의 설치할 것을 요청하였다[42]

소임과 전문성에 있어 크리스토파노는 경리 담당이었는데, 이러한 이유로 그는 자신의 저서에서 통계수치를 작성하였다. 1630년 10월 1일부터 1631년 11월 30일까지 매일 사망한 자의 수, 전염되어 폐쇄된 주택의 수, 이 주택들에 살면서 공적지원을 받는 주민들의 수, 격리기간이 끝나 재개방된 주택들의 수, 격리병원에 수용된 환자들의 수, 퇴원환자들의 수, 사망자와 요양환자의 수, 소각된 집기류와 소독된 집기류에 대한 자료, 공적모금과 비용에 대한 자료, 이 모두가 체계적으로 정확하고 명확하게 반영되었다. 그가 작성한 통계자료에서는 거의 실수가 보이지 않는다.[43] 수량적 분석을 시도한 역사가에게 있어 『보건서』는 그의 꿈을 가장 잘 반영한다. 하지만 통계자료는 그의 희망적인 바람과는 거의 일치하지 않는다.

크리스토파노 이외에도 프라토에는 수치에 매우 밝은 두 명의 행정가가 있었다. 한 명은 1630년 11월 중반부터 집정관이었던 줄리오 모렐리(Giulio Morelli)였다. 그의 전임자는 피렌체 보건 당국에 통계수치를 거의 보고하지 않았다. 하지만 모렐리는 피렌체 당국에 좋은 인상을 주고 있었으며 1630년 11월 21일부터는 정기적으로 서신을 통해 사망자의 수에 대한 소식을 전하였다.[44] 피렌체 공국의 답장을 참고할 때, 모렐리는 양식이 있고 직무 전문성을 갖춘 관리였다.

[표 6]에서는 줄리오 모렐리의 일상적인 수치를 크리스토파노의 그것과 비교하였다. 가장 먼저 생각해 볼 수 있는 것은 통계자료가 없을 때가 너무 많을 때보다 역사를 쓰기에 훨씬 쉽다는 사실이다.

일자	비교 대상	
	크리스토파노 체피니	집정관
11월 21일	7	7
22	10	14
23	11	9
24	11	5
25	10	3
26	15	14
27	14	13
28	9	6
29	10	12
30	14	11
12월 1일	6	6
2	3	5
3	15	10
4	6	9
5	9	6
6	2	7
7	14	6
8	10	10
9	3	5
10	10	5
11	4	3
12	14	14
13	10	5
14	16	5
15	7	8
16	0	7
17	11	3
18	3	7
19	0	6
20	10	6
21	12	4
22	4	6
23	2	2
24	1	3
25	3	7
26	2	3
27	9	7
28	13	5
29	9	3
30	3	2
31	2	0
합계	324	269

[표 6] 여러 자료들에 근거한 프라토 자치도시의 사망자 수

두 통계수치 자료는 일치하지 않는다. 더 놀라운 것은 집정관과 크리스토파노 모두 보건소 관리로서 매일 일상적으로 만나 정보를 정기적으로 교환하였을 것이라는 사실이다. 크리스토파노는 집정관이 자신의 저술을 보고 칭찬을 하였다고 하였다.

자료의 불일치는 12월 12일 이전의 주간들에서보다는 이후의 기간에 더 크게 드러난다. 11월 21일부터 12월 12일까지 크리스토파노는 207명이 사망한 것으로 그리고 집정관은 이보다 13%가 적은 180명이 사망한 것으로 집계하였다. 12월 13일부터 31일까지 크리스토파노는 117명이, 반면 집정관은 이보다 24%가 적은 89명이 사망한 것으로 기록하였다. 그 이외에도 11월 21일부터 12월 12일까지 두 통계자료 간 상관성 계수는 0.582인 반면, 이후 기간에는 0.098이었다. 통계적 상관성은 12월 12일까지는 의미가 있었던 반면 이후의 기간에는 사실상 의미가 없었다.[45]

전염병이 맹위를 떨치던 12월 초반을 지나 중순을 넘기면서 어느 정도 수그러진 이후 크리스토파노는 프라토의 전체 사망자 수를 언급하였던 반면 집정관은 흑사병으로 죽은 주민들의 수에 대해서만 언급했다. 흥미로운 사실이지만 큰 신빙성은 없어 보인다. 『보건서』의 c. 82에서 크리스토파노는 프라토에서 사망한 자의 수를 월별로 기록하면서 "전염에 의해 사망했지만 그 기록이 남아 있지 않는 자들에 대한 통계"를 보여주었다. 따라서 실질적으로 크리스토파노와 집정관 모두 전염에 의한 사망자의 수를 제시한 것이라 할 수 있다. 하지만 왜 이들의 통계에는 차이가 있으며 그리고 이러한 차이가 전염병의 위세가 줄어들고 있는 상황에서 증가한 것일까?

궁금한 것은 이뿐만이 아니다. 1631년 7월 11일 프라토 자치도시의 통치위원회는 "신의 은총으로 22일 전부터 오늘까지 이 땅(프라토와 그 주변의 콘타도)에서 전염병에 걸린 환자도, 사망한 자도 나타나지 않았다"고 선언하였다.[46] 하지만 크리스토파노의 통계자료는 이러한 주장과 일치하지 않는다. 크리스토파노는 6월 23일에 두 명이 사망하였고 6월 24일에도 2명, 7월 6일에는 1명 그리고 7월 7일

에는 1명이 사망하였다고 자신의 저서에 적고 있기 때문
이다.

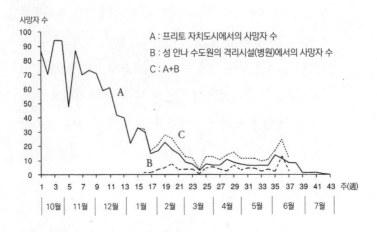

[표7] 크리스토파노가 기록한 월별 사망자 분포 상황

그럼 크리스토파노는 자신의 도시가 겪은 불행을 체
계적으로 과장한 것일까? 아니면 다른 권력이 개입하여
흑사병에 의한 인명 피해를 축소한 것일까? 둘 중 그 어
느 것도 진실을 만족시키지 못한다. 하지만 진실은 단순하
지도, 쉽게 정의할 수도, 그리고 관심과 의견의 압력 하에
서 쉽게 바뀌는 것이 아니다. 미생물학에 대한 지식이 전
혀 없던 시대에 전염되었을 것이라는 판단에 근거해 사망

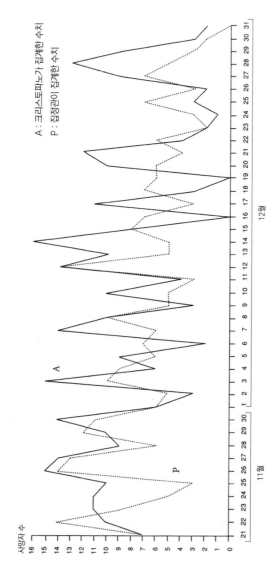

[표 8] 자치도시 프라토에서 사망한 자의 일별(日別) 통계수치

A : 크리스토파노가 집계한 수치
P : 검정관이 집계한 수치

자의 수를 추정할 필요가 있었다. 크리스토파노는 스스로의 만족감으로 자신의 저서를 집필했을 뿐, 비극을 최소화하려는 의도를 가지고 있지 않았으며 그 자신의 전형적이고 학자적인 정확성을 추구한 것이다. 그리고 전염이 의심스러운 경우들도 전염에 의한 사망자로 간주하였다. 반면, 집정관은 피렌체 보건 당국에 프라토의 상황을 보고하여 출입금지조치를 해제해 줄 것을 요청하였는데, 이러한 상황에서 군이 전염병으로 사망한 것으로 의심되는 경우까지 보고할 필요를 느끼지 않았다. 크리스토파노나 집정관 모두 현실을 왜곡할 그 어떤 의도도 가지고 있지 않았다. 다만 전염병으로 사망한 것으로 의심되는 경우들은 상황에 따라 전체 사망자 수에 포함될 수도 생략될 수도 있었던 것이다.

피렌체 보건 당국과 프라토 사이에서 수발된 공문들에 따르면, 전염병에 의한 사망으로 의심스러운 경우는 1630년 8월 말과 9월 초에 있었다. 하지만 흑사병은 공식적으로 9월 19일 처음으로 확인되었다. 반면 크리스토파노는 자신의 저서에서 두 번에 걸쳐 흑사병이 8월에 발생하였다고 언급했다.[47] 분명 그는, 공식문서들에서 단지 의심스러운 사례로 판단된 경우들까지도 흑사병에 의한 사망으로 간주하고 있었다. 크리스토파노의 소심한 성격을 고려할 때 이러한 상황은 별로 놀랍지 않다. 게다가 사망률의 추세는 공식적인 해석보다는 크리스토파노의 해석에 신빙성을 제공하였다. 뿐만 아니라 공식적인 자료에 따르면 전염병은 6월 말에 끝났다.

하지만 크리스토파노에 의하면 7월에 5명이, 8월에 4명이, 9월에 3명이, 10월에 6명이, 11월에 5명이 사망하였다. 4,500명 인구의 프라토에서 5개월 동안 23명이 사망한 것인데(이 수치는 흑사병 이후 프라토의 인구수로 추정되기도 한다), 이는 년 12%의 사망률에 해당하며, 산업화 이전 시대의 사회가 기록한 모든 유형의 사망자 수에 비하면 매우 낮은 편이다. 게다가 7월 한 달 동안 8개의 주택이 폐쇄되어 격리되었고 다른 3채의 주택은 8월에, 2개의 주택은 9월에 그리고 10월에는 5채의 주택이 격리되었다.[48] 당시 흑사병은 피부를 통해 전염되었으며 도시에서는 흑사병으로 의심되는 사망자가 계속해서 발생했다. 모든 요인들을 종합할 때 동일한 결론에 도달한다. 즉, 크리스토파노는 전염에 의한 사망자만을 기록하였으며, 의심스럽지만 예방조치를 우려하여 피렌체에 보고되지 않은 사망자를 전염에 의한 것으로 간주하였다.

　자료들에 대한 해석에 있어 적지 않은 탄력성이 존재하는 셈이다. 이 점에 있어 크리스토파노와 집정관이 제시한 두 자료 간의 상당한 차이가 설명된다. 1630년 11월 21일과 12월 31일 사이 기간에 드러난 차이는 55명의 사망자, 즉 크리스토파노가 기록한 전체 사망자 수의 17%에 해당한다. 만약 전술한 가설이 정확하다면 17%의 수치는 흑사병이 창궐하던 당시 사망의 원인을 추정하는 데 따른 불확실성의 근원이 어떤 것인지를 설명해 준다. 그럼에도 모든 의문이 해결된 것은 아니다. 여러 날에 걸쳐 집정관이 발표한 사망자의 수는 크리스토파노가 제시한 숫자보다 더 높았는데, 이에 대한 설명은 어디에서도 찾아 볼 수 없다. 게다가 만약 이러한 일상의 통계를 벗어나 주별 전체 통계를 근거로 사망 추세를 살펴본다면, 크리스토파노와 집정관의 통계자료는 상당한 일치성을 보여주며 또한 상보적 관계를 형성한다.

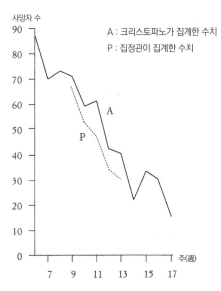

[표 9] 프라토에서 사망한 자의 주별 전체 수(크리스토파노와 집정관의 통계수치에 근거). 이상의 주별 수치는 168쪽 [표 7]의 통계수치와 일치한다.

도시의 사망자 수는 피렌체 당국과 지방행정에 의해 기록되었다. 다른 보건 통계는 행정적 책임과의 관련 속에서 기록되었다. 크리스토파노는 자신의 집에 강제로 격리된 자들에 대한 생필품 분배와 공급을 관리해야만 했으며 일상적으로 폐쇄된 집들이 그대로 유지되고 있는지, 각 주택에 몇 명이 있는지를 알아야 했다. 격리병원이 성 안나 수도원에 설치되어 운영되면서 미세리코르디아 병원은, 크리스토파노가 매일 아침 격리병원의 환자 수와 카사델 포데르 요양병원의 회복기 환자들의 수를 통보한 것에 근거해 물품들을 공급하였다. 크리스토파노는 두 병원에서 환자와 인력의 이동 상황을 관리 감독해야 했으며 이를 『보건서』에 충실하게 기록하였다.

집정관은 사망률에 대한 자료 이외에도 보건 상황에 대한 다양한 자료들을 피렌체에 보고하였다. 관련 자료는 아래와 같다.[49]

1630년 11월 23일	격리병원	환자 104명
1630년 12월 12일	격리병원	환자 60명
		회복기 환자 32명
	폐쇄된 주택에 있는 환자들	12-15명
	격리된 주택들	31
1630년 12월 31일	격리병원	60명(병자와 회복기 환자)
1631년 2월 25일	격리병원	환자 44명
	요양시설	회복기 환자 5명

이러한 자료들의 대부분은 크리스토파노가 언급하지 않은 기간에 대한 것이거나, 그가 보건위원으로 임명되기 이전 또는 전염된 환자들과 요양기간의 환자들이 프라

토의 두 병원 중 한 곳에 머물고 있었기 때문이다. 그럼에도 이러한 세 가지 경우에 집정관의 통계수치는 크리스토파노의 그것과 비교가 가능하다. 집정관에 따르면 1630년 12월 14일, 프라토에서는 31채의 주택이 강제로 격리되었고, 같은 해 2월 25일에는 격리병원에 44명의 환자가 그리고 포데르 요양병원에 5명의 요양환자가 있었다. 크리스토파노에 따르면 1630년 12월 14일, 58채의 주택이 강제로 격리되었고 1631년 2월 25일에는 격리병원에 49명의 환자가, 포데르 요양병원에 5명의 요양환자가 있었다. 보다시피 몇 가지 통계자료는 서로 일치하고 몇 가지는 일치하지 않는다.

모든 것이 확실하지 않다. 하지만 크리스토파노가 격리된 주택들과 관련해 제공한 통계수치는 집정관의 그것보다 믿을 만하다.

크리스토파노와 집정관 이외에도, 프라토에는 도시의 서기관으로서 통계수치에 열정을 가지고 있던 빈첸조 마이나르디가 있었다. 1631년 2월 5일 피렌체 보건 당국에 보낸 서신에서 그는 다음과 같은 사실을 언급하였다.[50]

격리병원	43명의 환자
요양시설	14명의 요양환자
격리주택	20채의 주택과 그 속에 머물고 있는 45명

이 경우, 통계자료에서는 별다른 특이점이 발견되지 않는다. 빈첸조 마이나르디의 통계수치는 크리스토파노의 그것과 완벽하게 일치한다.

궁극적으로 1635년 자치도시 프라토에서는 두 회계관리가 이전 기간에 보건예산 전체에 대한 회계업무를 담당하였다. 이들은 라포(Lappo di messer Pietro MIgliorati)와 프란체스코(Francesco di Giovanni Geppi)였다. 이들은 다른 공문서들과 함께 크리스토파노 체피니의 회계자료도 관리하였으며 또한 『보건서』를 세심하게 조사하였다. 하지만 실수나 거짓을 발견하지 못했으며 이 저서의 공신력을 인정하였다.[51]

부록의 내용이 독자들에게 지루하지 않았을지 모르겠다. 크리스토파노와 집정관의 통계자료들이 서로 불일치함에도 불구하고, 크리스토파노가 제공한 자료들에 대한 신뢰성은 충분하다. 게다가 이러한 사실은 두 명의 회계관리의 사례를 통해서도 확인된다.

주석

1. 흑사병에 직면한 자치도시

1 F. Moryson, *An Itinerary*, Glasgow, 1907, pp. 308-309.

2 R. Dallington, *Survey of Tuscany*, London, 1605, pp. 15-16. 그 외에도 L. Alberti, *Descrittione di tutta Italia* 참조(1551년 베니스에서 출간된 판본의 p. 35에서 저자는 "자치도시 프라토는 그 크기와 아름다움에 있어 이탈리아를 대표하는 네 개의 성들 중 하나이다"라고 밝히고 있다.

3 17세기에 프라토와 그 주변의 콘타도에는 뽕나무와 누에의 재배가 상당히 확산되어 있었다. 또한 올리브도 재배되고 있었지만 프라토에서 소비된 올리브유의 대부분은 페쉬아(Pescia)에서 수입되었다. Archivio di Stato di Firenze(이후 ASF), Sanità, Negozi, b. 152, c. 490.

4 Dallington, *Survey of Tuscany*, cit., p. 30.

5 E. Fiumi, *Demografia, movimento urbanistico e classi sociali in Prato*, Firenze, 1968, pp. 177-180, 그리고 R. Nuti, "La popolazione di Prato", in 《Archivio Storico Pratese》, XIII(1935). 이상 2명의 저자는 달링톤(Dallington)의 보고서에 대해 알지 못하고 있었던 것 같다. 하지만 그가 도달한 결론은 달링톤의 그것과 일치한다(Survey of Tuscany, cit., p. 15): "프라토의 콘타도는 세로 8마일, 가로 4마일이고 둘레가 24마일이었으며 그 내부 지역에는 59개의 교회와 38개의 수도원 그리고 여러 종교 기관들이 있었으며 그리고 주민 16,000명 중 2,000명이 종교인이었다."

6 Dallington, *Survey of Tuscany*, cit., p. 15-16.

7 달링톤이 기술한 내용은 피렌체에 대한 모독으로 간주되었고, 대공은 그를 명예훼손으로 고소하면서 청문회에 소환하겠다고 영국 왕실에 압력을 넣었다(이 이야기에 대해서는 A. M. Crinò, "Documenti relativi al libro di Robert Dallington sulla Toscana", in *Fatti e figure del Seicento anglo-toscano*, Firenze, 1957). 나의 판단에 따르면 달링톤

은 상당히 날카로운 관찰자였으며 그가 언급한 사실은 다른 자료들을 통해서도 증명되었다.

8 Dallington, *Survey of Tuscany*, cit., p. 34.

9 10월 21일 피렌체의 관찰자는 밀라노에서, "이날 아침 레코(Lecco) 성에 귀찮은 일이 발생했습니다. 레코에서 멀지않은 발사씨나(Valsassina) 마을에서 흑사병이 발생했다는 소식을 공국에 전하는 바입니다"(F. Nicolini, *Storica*, Bari, 1937, pp. 80-81).

10 이 모든 과정에 대해서는 프라토 국립기록물보존소(Archivio di Stato di Prato, 이후 ASP로 표기), Diurno 2, cc. 67v-68(1629년 10월 27일) 참조.

11 ASP, Diurno 2, cc. 71v.-72. 프라토의 관리들은 안텔라(Antella)의 통로, 볼로냐로 통하는 산악 지역에 4명의 경비병을 그리고 도시의 5개 성문에도 경비병을 배치했다. 나중에는 크리스토파노 체피니의 제안에 따라 관리들은 계획을 변경해 안텔라가 아닌 체르바이아의 통로에 경비병을 배치했다(ASP, Diurno 2, c. 73v., 1629년 11월 6일).

12 ASP, Diurno 2, c. 85.

13 관리들은 파우스토 노벨루치(Fausto Novellucci)를 관리로 임명하였다(ASP, Diurno 2, c. 116, 1630년 5월 16일). 파우스토는 도시의 부서기관이었다(ASP, Fondo Comunale, b. 1038. Entrata e uscita del Camerlengo generale 1630-31, c. 80). 보건 통행증은 이를 요청하는 사람에게는 무상으로 발급되었다. 파우스토의 봉급에 대해서는 부록 I 참조.

14 ASF, Sanitá, Copialettere, b. 55, c. 1.

15 ASF, Sanitá, Copialettere, b. 55, c. 1.

16 Ibidem. cc. 3-3v.

17 ASP, Diurno 2, c. 124.

18 ASF, Sanitá, Copialettere, b. 55, c. 9.

19 Ibidem. c. 16v.

20 Ibidem. cc. 21v.

21 ASP, Diurno 2, c. 127v.

22 ASF, Sanitá, Copialettere, b. 55, cc. 62v.ss.(1630년 8월 3일), 77v. ss.(1630년 8월 10일).

23 Ibidem. cc. 101v. ss.(1630년 8월 31일).

24 Ibidem. c. 101v(1630년 8월 31일).

25 Ibidem. cc. 107v.-109(1630년 9월 3일): 당시 피렌체에서 28개의 주택이 검역 대상이었다.

26 Ibidem. cc. 107v.-109(1630년 9월 3일): 피렌체에서 격리된 주택들은 당시 28개였다.

27 ASP, Sanitá, Negozi, b. 150, c. 971(1630년 9월 19일).

28 ASP, Diurno 2, c. 133v.

29 ASF, Sanità Copialettere, b. 55, c. 126(1630년 9월 11일).

30 ASF, Sanità, Negozi, b. 150, c. 971.

31 ASF, Sanità, Copialettere, b. 55, c. 146(1630년 9월 20일).

32 Ibidem. cc. 167v.-168.

33 ASP, Fondo Comunale, b. 587, cc. 1037-1041; 1043ss.; 1058-1060; 1362 ss.

34 ASP, Fondo Comunale, b. 587, cc. 1058-1060 그리고 c. 1362.

35 ASF, Sanità, Nogozi, b. 150, c. 206(1630년 9월 6일), 또한 Sanità, Negozi, b. 151, c. 600(1630년 10월 14일).

36 ASP, Diurno 2, c. 149v. 또한 ASF, Sanità, Copialettere, b. 55, cc. 167v-168 참조.

37 Cfr. 부록 I 참조.

38 Ibidem.

39 ASF, Sanità, Copialettere, b. 55, c. 96(1630년 8월 27일).

40 피렌체 보건 당국에 따르면, 프라토의 시신 매장인은 도시 당국에서 규칙적으로 봉급을 받았으면서도, 죽은 자의 가족에게 자신들이 운반한 시신 1구마다 2솔디의 수고비를 강요하였다: ASF, Sanità, Copialettere, b. 57, c. 68v.(1631년 4월 15일). 시신 매장인들 중 한 명은 미켈라치오(Michelaccio)라는 별명으로 그리고 다른 한 명은 바카이오(Vaccaio)로 불렸다.

41 ASP, Diurno 3, c. 52(1631년 8월 5일).

42 ASP, LS, c. 86v. 『보건지침서』에 대해서는 부록 IV 참조.

43 ASP, Sanitá, Copialettere, b. 55, c. 9(1630년 6월 22일).

44 ASF, Sanità, Negozi, b. 153, c. 973(1630년 12월 20일).

45 ASP, Diurno 2, c. 171(1630년 11월 9일).

46 ASF, Sanità Negozi, b. 152, cc. 611, 629, 1048.

47 ASP, Diurno 2, c. 171v.

48 ASF, Sanità, Negozi, b. 152, c. 1048.

49 ASF, Sanità, Negozi, b. 151, c. 270(1630년 10월 6일), c. 600v.(1630년 10월 14일); b. 152, c. 404(1630년 11월 9일).

50 ASF, Sanità, Negozi, b. 152, c. 490(1630년 11월 11일) 그리고 c. 610(1630년 11월 14일).

51 Cfr. 부록 I 참조.

52 ASP, Diurno 2, c. 161. 1630년 10월 22일에 임명되었다.

53 ASP, Sanità Negozi, b. 151, c. 600(1630년 10월 14일). 그라미냐(Gramigna)는 흑사병이 아니라, '오랜 병으로' 사망하였다. 피렌체 보건 당국이 11월 5일 날짜로 프라토에 보낸 서신은 그라미냐가 정상적인 질병으로 사망하였다고 하였다(ASF, Sanità, Negozi, b. 152, c. 210).

54 ASP, Fondo Comunale, b. 3081: Morti maschi e femmine dal 1630 al 1648(1630년부터 1648년까지 사망한 남자와 여자들).

55 ASF, Sanità, Negozi, b. 151, c. 365(1630년 10월 8일).

56 ASF, Sanità Negozi, b. 152, c. 210(1630년 11월 5일).

57 1634년 체파렐리(Cepparelli)는 아직까지도 외과의사로 활동하고 있었다(ASP, Fondo Comunale, b. 588, c. 292). 그는 1646년 7월 30일에 사망하였다(ASP, Fondo Comunale, b. 3081). 1630년 11월 11일(ibidem) 사망한 미켈레 체파렐리는 프라토의 외과의사가 아니었다.

58 ASF, Sanità, b. 151, c. 365.

59 ASF, Sanità Negozi, b. 152, c. 210.

60 ASF, Sanitá, Copialettere, b. 56, c 27(1630년 11월 9일).

61 이 모든 과정에 대해서는 ASF, Sanitá, Negozi, b. 152, cc. 611-629(1630년 11월 14일) 그리고 cc. 816, 831(11월 18일) 참조.

62 ASF, Sanità, Negozi, b. 152, c. 571(1630년 9월 13일).

63 Ibidem, cc. 611-629(1630년 11월 14일).

64 Ibidem, c. 698(1630년 11월 15일).

65 1630년 11월 18일 피렌체 보건 당국에 보낸 서신에 따르면, 프라토 집정관은 코베리에 대해 말하면서 그와 다른 관리들의 평가가 다르다는 사실을 언급하였다(ASF, Sanità, Negozi, b. 152, cc. 816, 831).

66 ASF, Sanità Copialettere, b. 56, c. 39v.

67 ASF, Sanità Negozi, b. 152, vv. 816, 831(1630년 11월 18일).

68 ASF, Sanità, Copialettere, b. 56, cc. 44-44v.

69 ASF, Sanità, Negozi, b. 153, c. 93(1630년 12월 2일), c. 963(1630년 12월 20일).

70 ASF, Sanità, Negozi, b. 153, cc. 731, 744(1630년 12월 14일)

71 ASP, LS, c. 58v. 흑사병에 전염된 부친의 재산을 지키기 위한 시도였다.

72 ASF, Sanità Negozi, b. 153, c. 1358.

73 Ibidem, c. 153(1630년 12월 31일).

74 ASF, Sanità, Copialettere, b. 56, c. 117.

75 ASF, Sanità, b. 154, c. 61(1631년 1월 2일).

76 ASP, LS, c. 58v.

77 ASP, Diurno 2, c. 184v. 그럼에도 디아친토(Diacinto)는 2월 16일에 근무를 시작했다.

78 부록 I 참조

79 ASF, LS, cc. 58v-59.

80 크리스토파노 체피니의 『보건서』 첫 페이지의 여백 하단에 기록된 것은 다른 사람이 쓴 것이다.

81 ASF, LS, c. 67v.

82 Galilei, Opere, A. Favoro 감수, Firenze, 1909, vol. 14, p. 135.

83 ASF, Sanità, Copialettere, b. 55, c. 137v.(1630년 9월 7일), c. 167v.(1630년 10월 3일); Sanità, , Negozi, b. 150(1630년 9월 29일).

84 ASF, Sanità, Negozi, b. 151, c. 365.

85 ASF, Sanità, Copialettere, b. 56, c. 27.(1630년 11월 9일).

86 ASF, Sanità, Negozi, b. 153, cc. 100ss. 보고서에는 날짜가 기록되지 않았다. 하지만

이 보고서는 12월 2일자 서신들 사이에서 발견되었다. 격리병원은 다음 달인 1월 14일에 이전되었다.

87 Ibidem, c. 93(1630년 12월 2일) 그리고 c. 973(1630년 12월 20일).

88 ASP, Diurno 2, c. 176v.

89 이 모든 것에 대해서는 Fiumi, *Demografia, movimento urbanistico e classi sociali in Prato*, cit., p. 344.

90 Ibidem, pp. 197–198.

91 ASP, Diurno 2, c. 98.

92 ASP, Diurno 2, c. 49v. 위원회는 최종보고서를 8월 30일 제출하였다(ibidem, c. 52).

93 Ibidem, cc. 139v.(1640년 9월 1일) 그리고 Fondo Comunale 1038, c. 62.

94 ASP, Diurno 2, c. 68.

95 ASP, Diurno 2, c. 85v.

96 Ibidem, cc. 133v.

97 Ibidem, cc. 135v., 136v(1630년 8월 16일).

98 1627년 4월 크리스토파노는 상당히 부유한 종교 자선 기관인 오페라 델 친골로(Opera del Cingolo)의 서기직을 요청하였다(ASP, Fondo Comunale, b. 587, c. 904); 1628년 그는 프라토 자치도시의 밖에 위치한 종교 자선 기관인 오페라 델라 싼티씨마 마돈나 델 소코르소(Opera della Santissima Madonna del Soccorso)의 경리 감독관들 중 한 명이었다(ibidem, c. 1448). 1630년 5월에는 도시 행정의 경리 감독관들 중 한 명이었다(ASP, Diurno 2, c. 120). 1630-32년 그는 콤파니아 델라 디쉬플리나(Compagnia della Disciplina)의 행정관이었다(ASP, Fondo Comunale, b. 588, c. 1257). 1632년 이후 그는 미세리코르디아 병원과 산 실베스트로 병원의 경리일과 서기직을 담당했다(ibidem, cc. 1043, 1076, 1087).

99 ASP, Diurno 2, c. 176v.(1630년 12월 11일).

2. 크리스토파노의 활동

1 ASP, LS, 1-28. 1630년 12월 14일자로 집정관이 작성한 서신에 따르면, 프라토에는 31채의 주택이 강제로 폐쇄되었다(ASF, Sanità, Negozi, b. 153, cc. 731, 744). 집정관은 전체 수치만을 언급한 반면 크리스토파노는 자신이 1630년 12월 11일부터 1631년 1월 18일 사이 기간에 폐쇄조치를 해제하도록 조치한 집들을 열거하면서 각각의 날짜와 강제로 내부에 머물던 사람들의 수를 지적하였다. 또한 그는 자신의 저서인 『보건서』(c. 3)에서 "이 모든 집들은 자신이 보건위원으로 선출되기 전에 모두 폐쇄된 상태였다"는 사실을 지적하였다. 그가 작성한 목록을 보면 폐쇄된 집들은 모두 77채였다. 이들 중 13채에 대한 폐쇄조치는 12월 11일 자신의 지시에 따라 해제되었으며 14일, 즉 집정관이 공문을 작성하였을 당시 프라토에는 아직 64채가 폐쇄상태로 남아 있었다. 크리스토파노가 제공한 정보는 매우 세밀한 것으로 그 정확성이 매우 높은 것으로 평가된다. 어떤 이유로 집정관이 폐쇄된 주택의 수를 31채로 기록했는지는 알 수 없다.

2 1630년 9월 20일 피렌체 보건 당국은 프라토의 통치위원들에게 보건 지침을 전달할 목적으로 공문서를 작성하였다. 지침에 따르면 관리들은 공중보건의 문제로 격리된 상태의 주민들에게 1일 1 줄리오의 생계지원금을 제공해야만 하였으며 이러한 사실은 1630년 10월 22일에 서기관 마이나르디(Mainardi)가 작성한 공문서를 통해서도 확인된다. 통치위원회의 회의록에서는 10월 9일 이후 격리된 주민들에게 구호품을 전달하는 역할을 수행하는 인부를 선발했다는 사실을 알 수 있다(cfr. 부록 I 참조). 피렌체 보건 당국의 보건 지침(Le istruzioni del magistrato della Sanità di Firenze)은 격리기간이 22일 동안 지속되어야 한다는 것이었다.

3 부록 I 참조.

4 크리스토파노가 제공한 정보(ASP, LS, c. 3)는 서기관 마이나르디가 1631년 2월 5일 피렌체 보건 당국에 보낸 보고서를 통해서도 확인된다(ASF, Sanità, Negozi, b. 155, cc. 261, 280). 이 서신에서 마이나르디는 "공중보건을 이유로 집안에 감금된 주민들 각자에게 하루에 6크라치아(cratia)가 지급되었다". 1크라치아는 20데나리(Denari)이다(A. Galeotti, *Le monete del granducato di Toscana*, Livorno, 1929, p. 274), 6 크라치아는 120데나리, 즉 10솔디에 해당한다.

5 ASP, LS, c. 3.

6 Ibidem, c. 19.

7 Ibidem, cc. 19 ss.

8 Ibidem, c. 19.

9 Ibidem, c. 19.

10 크리스토파노가 보건소 보건위원을 임명된 당시 새로운 보건위원에게 부여된 임무들 참조. 크리스토파노는 자신의 『보건서』(c. 32)에서 "집들에 전염으로 병이 들었거나 사망한 자들이 머물고 있다"고 하면서 병든 자들이나 사망한 자의 시신을 밖으로 옮기고, "폐쇄된 집들에 머물고 있는 자들"에게 즉시 새로운 짚 이불을 제공하도록 하였다. 그리고 크리스토파노는 cc. 28v., 31, 58v., 등에서 격리시설에 머물고 있는 자들을 지칭하는 용어로 '병든 자' 또는 '환자'의 용어를 사용하고 있으며 살아서 격리시설을 떠난 자들에게는 '회복기 환자'의 용어를 사용하였다. 프라토의 격리병원에는 감염자들만 옮겨졌다.

11 ASP, LS, c. 64v.

12 Ibidem.

13 ASP, Diurno 2, c. 175(1630년 12월 5일, 8일).

14 ASF, Sanità Negozi, b. 165, c. 179(1632년 4월 17일).

15 ASP, LS, c. 64v.

16 ASP, Fondo Comunale, b. 587, c. 1362.

17 ASP, Sanità, Negozi, b. 155, cc. 813, 820.

18 ASP, Sanità, Negozi, b. 158, c. 34.

19 ASP, Sanità, Copialettere, b. 57, c. 165.

20 ASP, Diurno 3, c. 115v(1632년 2월 2일)

21 ASF, Sanità, Negozi, b. 165, c. 179(1632년 4월 17일).

22 Ibidem, c. 33

23 ASP, LS, c. 64v.

24 Ibidem, c. 55v.

25 ASF, Sanità Negozi, b. 155, cc. 813, 820.

26 Ibidem, cc. 261, 280.

27 부록 II 참조.

28 이하의 자료는 의미하는 바가 크다. 위의 통계수치 작성을 위한 기본 자료는 목록에 있다.

29 ASP, LS, c. 28v.

30 Ibidem, cc. 28v~30v.

31 흑사병에 있어 주요 감염원은 쥐에 공생하는 벼룩이다(Xenopsylla Cheopis). 하지만 인간의 몸에 공생하는 벼룩(Pulex Irritans) 역시 사람 간에도 흑사병을 옮긴다. 하지만 전염병 학자들에 의하면, 인간벼룩(Pulex irritans)의 수는 매우 많았지만, 고유의 열등함으로 인해 위험성의 정도가 상쇄되었다고 한다. Cfr. L. F. Hirst, *The Conquest of Plauge*, Oxford, 1953, pp. 236~246.

32 물품들을 징발당한 소유주들은 도시의 공적 자금으로 보상을 받았다. 프라토의 규정에 따르면 징발당한 물품의 '정가(giusto valore)' 대비 50%를 보상하였다. 소각된 침대의 경우 프라토 자치도시는 9리레 상당의 새로운 매트리스로 보상되었다. ASP, LS, c. 32v 참조.

33 Ibidem, c. 87: 도표로 작성된 물품들은 흑사병이 창궐하던 당시에 모두 소각되었다.

34 Ibidem, c. 32v.

35 ASP, LS, c. 31.

36 Ibidem, cc. 31~32.

37 Ibidem, cc. 55v.~58.

3. 사망률의 추세

1 본 역서의 28~29 참조.

2 ASP, Sanità, Negozi, b. 151, c. 407(1630년 10월 9일).

3 ASP, Diurno 2, c. 182v. 그리고 부록 I 참조.

4 ASF, Sanità, Negozi, b. 153, c. 1358.

5 ASF, Sanità, Bandi, vol. 2, c. 86.

6 조치의 첫 번째 사항은 가족으로서 보건통행증을 가진 자를 제외한 그 누구에게도 피렌체에 가는 것을 금지하였다. 두 번째 사항은 집들을 돌아다니는 것, "특히 이러한 집들이나 다른 장소들에서 게임이나 오락 등을 벌이는 것"을 금지하였다. 하지만 "교회나 방앗간 그리고 생필품을 구하기 위해 허용된 시장이나 화덕, 정육점 그리고 상점들을 출입하는 것"은 허가하였다. 다섯 번째 사항은 피렌체의 시민이나 귀족들이 콘타도에 머물면서 "게임이나 다양한 용무 또는 모임을 갖는 것" 또는 "격리기간 동안 다른 사람의 집을 방문하는 것"을 금지하였다.

7 ASF, Sanità, Negozi, b. 154, c. 602(1631년 1월 14일).

8 밀라노의 경우에 대해서는 A. Tadino, *Raguagli dell'origine et girnali successi della peste*, Milano 1648, p. 127 참조. 저자이자 밀라노의 의사인 타디노는 여름 기간의 전반적인 격리조치에 대해 반대하였다. 부스토 아르시치오(Busto Arsizio)에서는 1630년 흑사병 기간에 모든 지역을 대상으로 전반적인 격리기간의 조치가 선포되었다. 증언에 따르면, "격리기간이 선포된 지 4일이 지나 7명이 사망하였으며 8일 후에는 사망자의 수가 배가 되었으며 부스토에서는 부자와 가난한 자를 가리지 않고 많은 감염자들이 발생하였는데 이는 전체 인구의 2/3에 해당하였다"(J. W. S. Johnsson, *Storia della peste avvenuita nel borgo dl Busto Arsizio, 1630*, Copenhagen, 1924, pp. 20-21). 피렌체에서 전반적인 격리기간의 선포는 많은 사람들의 반대에 부딪혔다(F. Rondinelli, *Relazione del contagio stato in Firenze l'anno 1630 e 1633*, Firenze, 1634, pp. 60ss. 그리고 D. Catellacci, "Curiosi rocordi del contagio di Firenze del 1630", in 《Archivio Storico Italiano》 ser 5, vol. 2° (1897), p. 387). 볼로냐에서는 1630년 9월에 전 지역을 대상으로 전반적인 격리기간이 선포되었다. 이에 대한 토론에 대해서는 A. Brighetti, *Bologna e la peste del 1630*, Bologna, 1968, pp. 62 ss.

9 ASF, Sanità, Nogozi, b. 155, cc. 813, 820.

10 성 안나 병원의 격리병동에서 사망한 4명은 제외되었다.

11 ASF, Sanità Negozi, b. 155, c. 1194(1631년 3월 10일). 1631년에 부활절은 4월 20일이었다.

12 Ibidem, c. 1402.

13 Ibidem, c. 1465(1631년 3월 20일).

14 ASF, Sanità Copialettere, b. 57, c. 79(1631년 4월 24일), c. 89(4월 30일); b. 58, c. 90v.(7월 11일), cc. 99(7월 15일); Sanità, Negozi, b. 158, c. 34(1631년 6월 2일).

15 ASF, Sanità Copialettere, b. 57, c. 59v.(1631년 4월 9일).

16 ASP, Diurno 3, c. 45.

17 ASF, Sanità Negozi, b. 157, c. 475.(1631년 7월 9일)

18 ASF, Sanità Copialettere, b. 58, c. 107.

19 ASF, Sanità Negozi, b. 159, c. 449.(1631년 7월 9일).

20 ASP, LS, c. 64v.

21 ASP, Diurno 3, c. 64(1631년 9월 21일).

22 부록 VI 참조.

23 ASF, Sanità Negozi, b. 158, c. 34.(1631년 6월 2일).

24 나는 이 책의 영어 번역본을 출판한 후에 피렌체 국립기록물보존소에서 프라토 집정관의 서신 한 장을 발견하였는데, 이 서신은 나의 가설을 확인시켜 주었다. 전염병 기간의 전체 사망자 수를 피렌체 보건 당국에 보고하는 임무를 수행하기 위해 집정관 모렐리는 "프라토 지역에서 전염으로 인해 사망한 자의 수가 1,500명에 이른다고 하였다"(ASF, Sanità, Negozi, b. 164, c. 994).

25 ASP, Diurno 3, c. 64(1631년 9월 21일).

26 통계수치들이 격리병원의 모든 기간을 대상으로 한 것이라면 두 방식은 일치할 것으로 추정된다. 하지만 이전의 장들에서 살펴보았듯이, 프라토의 격리병원은 6월 17일부터 순례자회가 담당하였다. 크리스토파노는 이 기간을 대상으로 기록을 남기지 않았다. 격리병원에는 30명의 환자들이 남아 있었는데, 이는 1월 14일~6월 16일 기간에 수용된 환자들의 수로서 같은 기간에 이 병원에서 퇴원한 자들보다 많은 것이었다. 우리는 이 30명의 환자들이 어떤 운명을 맞이했는지 알지 못한다. 사망한 자와 살았든 죽었든 이 격리병원을 떠난 자들의 관계를 살펴보기 위해서는 살아서 이 병원에서 퇴원한 자들을 고려할 필요가 있다. 반면 죽은 자들은 매일 병원 밖으로 옮겨졌다. 1630년 5월 30일에는 10명의 생존자들이 퇴원하였다. 크리스토파노의 통계는 6월 16일까지 계속되었다. 하지만 5월 31일~6월 16일 기간에 사망한 자의 수

를 계산에 포함시켜야 하는데, 그 이유는 생존자들에 해당하는 자들의 수가 언급되지 않기 때문이다. 이들의 수는 6월 16일 이후, 즉 다른 한 그룹의 생존자들이 퇴원한 이후에 언급되었다. 따라서 본인은 격리병원에서 퇴원한 전체 수 대비 사망자들의 퍼센트를 계산하는 데 있어 그 대상기간을 1월 14일~5월 30일로 제한하였다. 죽은 자들과 격리병원에 입원한 자들의 관계를 살펴보기 위해서는, 일반적으로 흑사병에 걸려 불과 2~6일 만에 사망한 자들을 고려할 필요가 있다. 본인은 입원자들 대비 사망한 자들의 퍼센트를 계산하면서 1월 14일부터 6월 16일 사이에 사망한 자들의 수를 1월 14일부터 6월 10일 사이에 입원한 자들의 수와 비교해 보았다.

27 1월 14일~5월 30일 기간에 사망한 자는 82명, 생존한 자들은 72명이었으며 퇴원한 자들은 모두 154명이었다. 사망률은 53%였다. 1월 14일부터 6월 10일 사이에 사망한 자는 모두 100명이었다. 1월 14일부터 6월 10일 사이에 격리병원에 입원한 자는 193명이었고 입원한 자들 중에서는 52%가 사망하였다.

28 R. Pollitzer, *The Plague*, Genève, 1954, p. 418 그리고 Wu Lien-Teh, *Manchurian Plague Prevention Service*, Shanghai, 1934, p. 82.

29 W. J. Simpson, *A treatise on Plague*, Cambridge, 1905, p. 313.

30 Fiumi, *Demografia, Movimento urbanistico e classi sociali in Prato*, cit., p. 441.

31 ASP, Fondo Comunale, b, 3081.

32 ASP, Diurno 3, c. 65v(1631년 9월 30일).

33 ASP, Sanità, Negozi, b. 152, c. 1144.

34 Rondinelli, Relazione del contagio stato in Firenze l'anno 1630 3 1633, cit., pp. 34-36; Catellacci, Curiosi ricordi del contagio di Firenze del 1630, cit., p. 390.

35 ASP, LS, c. 95.

에필로그

1 ASP, Fondo Comunale, b. 587, cc. 1193 ss.

2 Ibidem, c. 1493 ss. 그리고 b. 588, cc. 1202 ss.

3 ASP, Sanità, Negozi, b. 155, c. 261, 280(1631년 2월 5일). 밀리오라디의 채권에 대해서는 ASP, Sanità, Negozi, b. 153, cc. 731, 744(1630년 12월 14일), c. 1043(1630년 12월 22일) 참조.

4 ASP, Fondo Comunale, b. 1038, c. 130v.

5 피렌체는 프라토 행정 당국에 지시하여 도시 성벽 밖에 위치하지만 프라토의 사법권에 예속된 지역의 주택들에 격리된 사람들에게 액수로 8솔디에 해당하는 빵을 공급하도록 하였다(ASP, Sanità, Negozi, b. 153, c. 936, 1630년 12월 12일). 프라토 행정 당국은 재정이 적자상태에 있었기 때문에 더 이상의 지출이 불가능하다는 사실을 언급하였다(ibidem, c. 1038, 12월 22일). 하지만 피렌체의 관리들은 자신들의 요구를 철회하지 않았다.

6 ASP, Diurno, c. 167(1630년 11월 1일); Diurno 3, c. 3(1631년 3월 28일), c. 136v.(1632년 4월 29일), c. 156v(1632년 7월 18일).

7 ASP, Diurno 3, c. 148(1632년 6월 15일), c. 164v.(1632년 7월 2일).

8 Ibidem, c. 148v.(1632년 6월 15일).

9 Ibidem, c. 65v.(1631년 9월 30일).

10 Ibidem, c. 56.

11 ASP, Diurno 3, c. 126v(1632년 4월 5일). 회의록에 따르면, 보건위원에게 11달 동안의 봉사에 대한 봉급이 지급되지 않았다. 하지만 그가 11달 동안 봉사했다는 것은 사실과 다르다. 크리스토파노는 보건소 관리의 자격으로 4개월, 보건위원으로 8달 봉사하였다. 크리스토파노가 보건위원으로 임명되었을 때 매월 8두카티를 받기로 했다. 하지만 회의록의 여백에는 다른 색의 잉크로 다음과 같은 내용이 적혀 있었다: "봉급은 보건소 관리위원인 로렌초 구이치아르디니의 건의로 월 5스쿠디로 감액되었다"(ASP, Diurno 2, c. 176v., 1630년 12월 11일). 1632년 4월 5일의 회의록에 따르면 크리스토파노는 자신의 봉급이 감액된 사실을 아직 모르고 있었다.

12 ASP, Diurno 3, c. 145v.

13 Ibidem, c. 146.

14 ASP, Fondo Comunale, b. 588, cc. 1043, 1076.

15 ASP, Fondo Comunale, b. 227, c. 52(1633년 9월 22일).

16 Ibidem, c. 81(1634년 2월 3일).

17 ASP, Fondo Comunale, b. 588, c. 680(날짜가 적히지 않은 문서)

18 Libro dei norti, in ASP, Fondo Comunale, b. 3081. 크리스토파노는 1642년 7월 4일 산 프란체스코 교회에 매장되었다. 비문에는 진실한 오랜 친구를 상실한 고통이 적혀 있다.

19 ASP, Diurno 3, c. 138.

20 M. Antero da San Bonaventura, *Li lazzaretti della Città e Riviere di Genova del MDCLVII*, Genova, 1658, pp. 510~511.

21 Simpson, A treatise on Plaque, cit., p. 258.

22 ASF, Sanità Copialettere, b. 56, c. 83(1630년 12월 11일).

23 A. Corradi, *Annali delle epidemie occorse in Italia dalle prime memorie fino al 1850*, Bologna, 1867~92, vol. 111, p. 71.

부록

1 이 번역서의 34쪽 참조.

2 ASP, Diurno 2, c. 149v.(1630년 10월 2일).

3 관리 및 인부들의 선발은 10월 9일과 10일 급하게 소집된 회의에서 결정되었으며 최종적인 결정사항은 10월 22일 통치위원회 회의록에 기록되었다(ASP, Diurno 2, c. 149v.(1630년 10월 2일).

4 ASF, Sanità, Negozi, b. 151, c. 1086. 목록에는 보건허가증을 발급하는 임무를 수행하는 자는 포함되지 않았다. 이 임무는 부서기관이 담당했는데, 당시 보건허가증 발급은 정상적인 임무로 간주된 것으로 보인다.

5 ASP, Diurno 2, c. 162.

6 두 명은 각각 10월 24일과 26일에 임명되었으며 이 사실은 10월 27일 통치위원회 회의록에 기록되었다(ASP, Diurno 2, c. 163v.).

7 Ibidem, c. 167v.(1630년 11월 1일).

8 Ibidem, c. 169v.(1630년 11월 5일).

9 Ibidem, c. 167v.(1630년 11월 1일).

10 Ibidem, c. 169v.(1630년 11월 5일).

11 그의 봉급은 1일 1줄리오(s. 13, d. 4)이며 30일 한 달 20리레에 해당한다.

12 ASP, Diurno 2, c. 168(1630년 11월 2일). 10리레의 추가로 이 인물의 봉급은 30리레로 증가했다.

13 《donzello》에 대해서는 ASP, Diurno 2, c. 168(1630년 11월 2일) 참조. 격리병원의 경비병에 대해서는 ibidem, c. 171(1630년 11월 9일); 도시 성문의 경비병에 대해서는, ibidem, c. 171v.(1630년 11월 14일). 피렌체 관리들은 성문 경비병들의 월급을 4스쿠디에서 3스쿠디로 감액하였다.

14 Ibidem, c. 171(1630년 11월 9일).

15 Ibidem, c. 171.

16 Ibidem, c. 173v.

17 Ibidem, c. 174(1630년 12월 2일).

18 Ibidem, c. 172v.

19 Ibidem, c. 174.

20 미세리코르디아 병원에서 격리병원으로 생필품을 운반하는 자에게 20리레(즉, 1일 1줄리오) 그리고 공중보건을 위해 집안에 감금된 자들에게 생필품을 공급하는 일로 10리레를 더 제공하였다.

21 ASP, Diurno 2, c. 174(1630년 11월 28일).

22 Ibidem, cc. 173v.–174(1630년 11월 28일).

23 Ibidem, c. 182v.(1630년 12월 31일).

24 ASP, Diurno 2, c. 184v.(1631년 1월 13일).

25 ASP, Sanità, Negozi, b. 155, c. 261, 280.

26 수치에는 세탁인들이 포함되지 않았다. 나는 이들의 수와 공동체와 어떤 노동관계에 있었는지를 알지 못한다. 서기관 마이나르디의 목록에는 이들이 언급되지 않았다. 하지만 1631년 1월 23일 한 여인이 지난 시기에 격리병동을 위해 세탁 일을 한 것에 대해 비용을 지급해 줄 것을 요청하였다. 이 여인은 자신이 일한 기간에 대해 8스쿠

디의 보상을 받았다(ASP, Diurno 3, c. 26). 1631년 7월 1일 새로운 세탁인이 격리병
원에 고용되었으며 봉급으로 월 2두카티를 받았다(ibidem, c. 41).

27 ASP, Sanità, Copialettere, b. 57, c. 68v.

28 ASP, Sanità, Copialettere, b. 58, 138v.(1631년 7월 30일).

29 ASP, Fondo Comunale, b. 588, cc. 194, 217.

30 G. Parenti, *Prime ricerche sulla rivoluzione dei prezzi in Firenze*, Firenze, 1939.

31 ASP, Fondo Comunale, b. 588, cc. 194, 217.

32 Parenti, *Prime ricerche sulla rivoluzione dei prezzi in Firenze*, cit.

33 Dallington, *Survey of Tuscany*, cit., p. 55.

34 Parenti, *Prime ricerche sulla rivoluzione dei prezzi in Firenze*, cit., p. 144.

35 F. Moryson, *An Itinerary*, Glasgow, 1907, p. 333. 피사에서도 "모리슨은 저녁식
사비용으로 2 줄리오를 지급했으며 다음날 점심 값으로도 동일한 금액을 지급했
다"(ibidem, p. 315). 그는 1594년 피렌체의 물품들 값에 대해서도 언급했다(ibidem,
p. 333).

36 1594년, 피렌체에 위치한 여인숙인 알베르고 알레 키아비 도로(Albergo Alle chiave
d'oro)에서 피니스 모리손(Fynes Moryson)은 "자신의 월세 방값으로 12줄리오를 지
불했다"(An Itinerary, cit., p. 333).

37 Dallington, *Survey of Tuscany*, cit., pp. 16, 31, 34.

38 Ibidem, p. 34.

39 Ibidem. Moryson, *An Itinerary*, cit., vol., IV, p. 93 참조. 특히 p. 93의 경우: "일반적으
로 이탈리아인들은, 프랑스인이나 영국인과 비교할 때, 식사에 있어 비교적 소박하
다[…]."

40 ASF, Fondo Comunale, b. 587, cc. 1362 ss.

41 하지만 병원의 통계수치가 요양환자들을 포함하는지는 분명하지 않다. 문서에서는
단지 격리병원에 대해서만 언급하고 있기 때문이다.

42 ASP, Fondo Comunale b. 588, c. 680(날짜가 없는 문서).

43 요양환자들과 관련한 내용의 경우 격리병원에서 퇴원한 환자의 수는 요양환자들의
경우처럼, 요양시설에 수용된 환자들의 수와 일치하지 않는다. 하지만 병원을 떠난

모든 환자들이 요양병원으로 간 것 같지는 않으며, 요양병원에 간 환자들 중 몇 명이 요양병원이 아니라 자신들의 집에서 전염병에 걸렸을 것 같지는 않다. 또 다른 차이는 비록 그 정도가 적기는 하지만, 보건서의 c. 56v.에 기록된, 2개의 매트리스를 위한 7리레의 지급과 c. 30v.에 언급된 6리레의 경우이다.

44 ASF, Sanità, Negozi, bb. 152, 153.

45 두 기간과 관련된 두 가지의 상호관계적 계수(coefficienti di correlazione)에 적용된 Z test는 1.94의 차이($P\alpha=0.052$: 이 수치는 두 계수 간 차이가 체계적이라는 사실을 의미한다)를 드러낸다.

46 ASP, Diurno 3, c. 45.

47 ASP, LS, 서론과 c. 67v.

48 부록 I 참조.

49 ASF, Sanità, Negozi, b. 152, c. 1048; b. 153, cc. 731, 744, 1358; b. 155, cc. 813, 820.

50 ASF, Sanità, Negozi, b. 155, cc. 261, 280.

51 ASP, Fondo Comunale, b. 588, c. 1259v.

관련자료

Sergio Anselmi, *Mercanti, corsari, disperati e streghe*

_____, *Perfido Ottocento. Sedici piccole cronache*

_____, *Storie di Adriatico*

_____, *Ultime storie di Adriatico*

Hannah Arendt, *Il futuro alle spalle*

Igor Argamakow, *Morte da cani*

Christian Arnsperger - Filippe Van Parijs, *Quanta diseguaglianza possiamo accettare? Etica economica e sociale*

Raymond Aron, *Clausewitz*

Giancarla Arpinati, *Malacappa. Diario di una ragazza 1943-1945*

Giovanna Azia, *Elogio della cortesia. L'attenzione per gli altri come forma di intelligenza*

Michail Bachtin, *Tolstoj*

Arnaldo Bagnasco, *Società fuori squadra. Come cambia l'organizzazione sociale*

_____, *Tracce di comunità. termi derivati da un concetto ingombrante*

Paolo Barbaro, *Venezia, l'anno del mare felice*

Ultich Beck, *I rischi della libertà. L'indivicuo nell'epoca della glibalizzazione*

Lisli Basso Carini, *Cose mai dette. Memorie di un'ottuagenaria*

Geoges Bataille, *La sovranità*

Roberto Battaglia, *Un uomo, un partigiano*

Janina Bauman, *Inverno nel mattino. La vita di una ragazza nel ghetto di Varsavia*

_____, *Un sogno di appartenenza. La mia vita nella Palonia del dopoguerra*

Zygmunt Bauman, *La sosietà dell'incertezza*

_____, *La società indivudualizzata. Come cambia la nostra esperienza*

Ultich Beck, *La società cosmopolita. Prospettive dell'epoca postnazionale*

Julien Benda, *Il rapporto di Uriele*

Beatrice Benelli, *Avanzi di balera. Storia e storie del mondo del ballo*

Oliver Bennett, *Pessimismo culturale*

Sergio Benvenuto, *Dicerie e pettegolezzi. Perchè crediamo in quello che ci raccontano*

Peter L. Berger, *Il brusio degli angeli. Il sacro nella società contemporanea*

_____, *Una gloria remota. Avere fede nell'epoca del pluralismo*

Edmondo Berselli, *Canzoni. Storie dell'Italia leggera*

István Bibó, *Miseria dei piccoli Stati dell'Europa orientale*

Hans Blumenberg, *Il riso della donna di Tracia. Una preistoria della teoria*

_____, *L'ansia si specchia sul fondo*

_____, *Naufragio con spettatore. Paradigma di una metafora dell'esistenza*

Remo Bodei, *Ordo amoris. Conflitti terreni e felicità celeste*

Pietro Boitani, L'ombra di UIlisse. Figure di un mito

_____, *Sulle orme di Ulisse*

Corrado Bologna, *Flatus vocis. Metafisica e antropologia della voce*

Giuseppe Bonazzi, *Lettera da Singpore. Ovvero, il terzo capitalismo Pier Cesare Bori, L'altro Tolstoj*

Raymond Boudon, *Declino della morale? Declino dei valori?*

_____, *Sentimenti di giustizia*

Fernand Braudel, *La dinamica del capitalismo*

_____, *Storia, misura del mondo*

Attilo Brilli, *Il viaggiatore immaginario. L'Italia degli itinerari perduti*

_____, *In viaggio con Leopardi*

_____, *La vita che corre. Mitologia dell'automobile*

_____, *Quando viaggiare era un'arte. Il romanzo del Grand Tour*

_____, *Un paese di romantici briganti. Gli italiani nell'immaginario del Grand Tour*

_____, *Viaggi in corso. Aspettative, imprevisti, avventure del viaggio in Italia*

Victor Brombert, *La prigione romantica. Saggio sull'immaginario*

Peter Burke, *L'arte della conversazione*

Piero Camporesi, *Il paese della fame*

_____, *Il pane selvaggio*

Elena Carandini Albertini, *Dal terrazzo. Diario 1943-1944*

Franco Cassano, *Approssimazione. Esercizi di esperienza dell'altro*

_____, *Modernizzare stanca. Perdere tempo, guadagnare tempo*

_____, *Partita doppia. Appunti per una felicità terrestre*

Giulio Cattaneo, *Da inverno a inverno*

Alberto Cavaglion, *Per via invisibile*

Remo Ceserani, *Viaggio in Italia del dottor Dapertutto*

Nicola Chiaromonte, *Credere e non credere*

Emil M. Cioran – Constatin Noica, *L'amico lontano*

Carlo M. Cioran, *Chi ruppe i rastelli a Monte Lupo?*

_____, *Conquistadores, pirati, mercatanti. La saga dell'argento spagnuolo*

_____, *Christofano e la peste*

_____, *I pidocchi e il Granduca*

_____, *Il burocrate e il marinario. La ≪ sanità ≫ toscana e le tribolazioni degli inglesi a Livorno nel XVII secolo*

_____, *Instruzione e sviluppo. Il delino dell'analfabetismo nel mondo occidentale*

_____, *Le avventure della lira*

_____, *Le macchine del tempo*

_____, *Miasmi e umori*

_____, *Tre storie extra vaganti*

_____, *Vele e cannoni*

Antonie Compagnon, *I cinque paradossi della modernità*

Vincenzo Costa, *La tariffa*

Ernst Robert Curtius, *Marcel Proust*

Alessandro Dal Lago, *Descrizione di una battaglia. I rituali del calcio*

Andrea Damiano, *Rosso e Grigio*

Rita D'Amico, *Le colpe degli amanti*

Alfred Döblin, *Scritti berlinesi*

Mary Douglas, *Come pensano le istituzioni*

_____, *Credere e pensare*

_____, *Purezza e pericolo. Un'analisi dei concetti di contaminazione e tabù*

_____, *Questioni di gusto. Stili di pensiero tra volgarità e raffinatezza*

_____, *Rischio e colpa*

Mary Douglas – Baron Isherwood, *Il mondo delle cose. Oggetti, valori, consumo*

Constantin Noica, *Pregate per il fratello Alessandro*

Constantin Noica, *Sei malattie dello spirito contemporaeo*

Helga Nowotny, *Tempo privato. Origine e struttura del concetto di tempo*

Martha C. Nussbaum, *Giustizia sociale e dignità umana. da individui a persone*

Friedrich Ohly, *Il dannato e l'eletto. Vivere con la colpa*

Maurice Olender, *Le lingue del paradiso. Ariani e Semiti: una coppia porvvidenziale*

Walter J. Ong, *Oralità e scrittura. Le tecnologie della parola*

Giorgio Perlasca, *L'impostore*

Mario Perniola, *Del sentire cattolico. La forma Culturale di una religione universale*

Tina Pizzardo, *senza pensarci due volte*

Stefano Poggi, *Gli istanti del ricordo. Memoria e afasia in Proust e Bergson*

Karl R. Popper, *Il mito della cornice. Difesa della razionalità e della scienza*

_____, *Le fonti della conoscenza e dell'ignoranza*

Ezio Raimondi, *Il colore eloquente. Letteratura e arte barocca*

_____, *La dissimulazione romanzesca. Antropologia manzoniana*

_____, *La retorica d'oggi*

_____, *Politica e commedia. Il centauro disarmato*

Gregory J.E. Rawlins, *Le seduzioni del computer*

Lorenzo Renzi, *Proust e Vermeer. Apologia dell'imprecisione*

Giovanni Ricci, *Il principe e la morte. Corpo, cuore, effigie nel Rinascimento*

Paul Ricoeur, *Ricordare, dimenticare, perdonare. L'enigma del passato*

Francesca Rigotti, *Il filo del pensiero. Tessere, scrivere, pensare*

_____, *La filosofia in cucina. Piccola critica della ragion culinaria*

Lea Ritter Santini, *Nel giardino della storia*

Lucette Valensi, *Venezia e la Sublime Porta. La nascita del despota*

Paul Valéry, *La crisi del pensiero e altri «saggi quasi politici»*

Jean-Pierre Vernant, *La morte negli occhi. Figure dell'Altro nell'antica Grecia*

Roberto Vivarelli, *La fine di una stagione, Memoria 1943-1945*

Aldo Zargani, *Certe promesse d'amore*

Aldo Zargani, *Per violino solo. La mia infanzia nell'Aldiqua. 1938-1945*

Rainer Zoll, *La solidarietà. Uguaglianza e differenza*

Paul Zumthor, *Babele*

크리스토파노와 흑사병

초판 인쇄 2017년 8월 11일
2쇄 발행 2020년 9월 30일

지은이 | 카를로 M. 치폴라
옮긴이 | 김정하
디자인 | 서채홍
펴낸이 | 천정한

펴낸곳 | 도서출판 정한책방
출판등록 | 2014년 11월 6일 제2015-000105호
주소 | 서울 은평구 은평터널로66, 115-511
전화 | 070-7724-4005 팩스 | 02-6971-8784
블로그 | http://blog.naver.com/junghanbooks
이메일 | junghanbooks@naver.com

ISBN 979-11-87685-16-6 (93900)

이 도서의 국립중앙도서관 출판예정도서목록(CIP)은
서지정보유통지원시스템 홈페이지(http://seoji.nl.go.kr)와
국가자료공동목록시스템(http://www.nl.go.kr/kolisnet)에서 이용할 수 있습니다.
(CIP제어번호: CIP2017021860)